Landfrauen Küche

14 bayerische Landfrauen kochen mit Herz und Leidenschaft

ZS

Landfrauenküche goes veggie ...

Wer heute sechs Gäste zum Abendessen einlädt, muss davon ausgehen, dass einer sagt: „Für mich bitte kein Fleisch." Und so war es auch bei der 11. Staffel der erfolgreichen BR-Reihe „Landfrauenküche": Barbara Knötzinger, Landfrau aus Schwaben, ist Vegetarierin. Das hieß für die anderen sechs Landfrauen: Sie mussten ein Drei-Gänge-Menü zaubern, das auch „fleischlos glücklich" machte. Die Bedingung war: Die Vegetarierin durfte nicht nur mit Beilagen „abgespeist" werden, es sollte aber auch nicht ein ganz neues Gericht für sie gekocht werden. Keine leichte Aufgabe, aber machbar. In der 12. Staffel war dann mit Eva Gottschaller nicht nur eine überzeugte Vegetarierin in der Runde; sie setze es sich sogar zum Ziel, den Landfrauen zu beweisen, dass auch ein komplett veganes Menü schmecken kann.

Und es gab eine zweite Aufgabe für die 14 Landfrauen: Sie sollten nicht nur die „edlen" Teile des Tieres verwenden. Bewertet wurde neben den üblichen Kriterien der Aspekt „Nose to Tail". Also aus den sogenannten „nicht edlen" Teilen ein wunderbares Gericht zu kochen. Eine Aufgabe, die die Landfrauen mit großer Selbstverständlichkeit angingen. Denn für sie, die die Tiere großziehen, ist jedes Teil „edel" – wenn man weiß, wie man es zubereiten muss.

Und so finden Sie in diesem Buch nicht nur Menüs, die für „Fleischesser" und „Nicht-Fleischesser" gleichermaßen ein Genuss sind, sondern auch Rezepte, die dem Gedanken der Nachhaltigkeit und dem respektvollen Umgang mit dem Tier Tribut zollen. Ein Buch nicht nur, aber auch für Vegetarier.

Landfrauen
Küche

Unterfranken

Der Main bestimmt das Klima in Unterfranken – und schenkt diesem Teil Bayerns viel Sonne und angenehm milde Temperaturen. Weinreben und Getreide gedeihen hier besonders gut. Ideale Voraussetzungen für die Landfrauen Martina Knecht und Nicole Roth: Sie stellen Bio-Mehle und Ökoweine her.

Schöne Müllerin: Aus Sandstein errichtet ist die Getreidemühle Knecht im Landkreis Miltenberg. Sie wird mit Wasserkraft betrieben und gilt als älteste Bio-Mehlmühle Deutschlands. Als gelernte Müllerin vermahlt Martina hier verschiedene Getreidesorten zu vollwertigen Mehlspezialitäten.

Martina Knecht

Vom Korn zum Brot – diese ehrwürdige Tradition führt die gelernte Müllerin in der familieneigenen Mühle fort.

„Wie, du lernst in einer Drogerie?" – diese Frage hörte Martina öfter, als sie beschloss, den Beruf zu ergreifen, den sie seit ihrer Kindheit kennt und liebt. Müllerin wollte sie werden, wie ihre Eltern Rosi und Josef auch. Als Familienunternehmen betreiben die Knechts am Flüsschen Mümling nahe Aschaffenburg die älteste Bio-Getreidemühle Bayerns. Und wer wie Martina Tag für Tag mit dem Duft frisch vermahlener Weizen-, Dinkel- und Roggenkörner aufwächst, braucht kein Supermarktparfüm, um sich als gestandene Frau zu fühlen. Müllerin zu sein, ist für Martina eine vielfältige Lebensaufgabe, die sie mit Überzeugung anpackt: „Für mich war immer klar, dass ich diese Tradition fortsetzen möchte", sagt sie. Und weil sie ihren Berufsstand mit Sachverstand und charmantem Selbstbewusstsein vertritt, wurde sie 2017 zur bayerischen Mehlkönigin gewählt.

Der duftige, appetitliche Puder, aus dem Brote und feines Gebäck entstehen, prägt Martinas Leben auf abwechslungsreiche Weise. Großen Wert legt sie auf den persönlichen Kontakt zu den Getreidebauern, die das Korn direkt an die Mühle liefern. Sie besucht die Landwirte auf dem Feld, vor allem im Sommer, wenn das Getreide jeden Tag reifer wird, prüft die Qualität der Ähren und sieht mit eigenen Augen, wie die Körner Farbe annehmen und kräftig werden: „Von der Aussaat bis zur Ernte kann ich so direkt miterleben, wie die Erde uns das Brot schenkt", erzählt sie. Den Weg, den das Korn danach nimmt, prägt sie entscheidend mit: Von der Anlieferung bis zur akribischen Qualitätsprüfung im kleinen, mühleneigenen Labor, vom Verschroten über das Vermahlen und Sieben bis zum Abpacken verarbeitet sie mit ihren Eltern und Mitarbeitern in der geschichtsträchtigen Mühle das Korn zu verschiedenen Mehlsorten, konventionellen wie Bio-Mehlen. Im Mühlenladen, den Mutter Rosi betreut, wartet eine große Stammkundschaft auf die vollwertigen Dinkel-, Roggen- und Weizenmehle verschiedener Mahlgrade, auf Spezialitäten wie Chapatimehl, Grieß, Kleie und Getreideflocken und seit Kurzem auch: auf eine besondere Mischung mit besonderer Geschichte.

Die Mühle steht schon seit 1854. Genau aus diesem Jahr stammt ein Rezept, das bei Aufräumarbeiten zutage kam. Der Gründervater der Mühle hatte es aufgeschrieben. Als Martina und ihre Eltern es probierten, waren sie so begeistert, dass sie das Mehl seither als Spezialität anbieten. Tradition zeitgemäß weiterzuführen – diese Kunst hat Martina wohl auch von ihrer Großmutter geerbt: „Meine Oma hatte eine Eisdiele in Würzburg", erzählt sie, „da war ich oft als Kind und habe mitgeholfen." Weil die Oma nicht nur feines Eis hergestellt, sondern überhaupt gern und gut gekocht hat, lässt sich Martina von diesem Vorbild inspirieren, wenn sie selbst in der Küche steht.

„Ohne Mehl ist nichts gebacken!"

„Ich verfeinere die Rezepte mit meiner persönlichen Note", meint sie mit einem Lächeln. Das Joghurteis der Oma mixt sie mit frischen Beeren, Pizza backt sie am liebsten mit Chapatimehl, weil der Teig dann besonders knusprig wird – und überhaupt hebt sie gern kreativ hervor, was an kulinarischem Potenzial im Getreide steckt. Ob für Salate, Beilagen oder Brotspezialitäten – das Getreidekorn ist ein Lebensmittel, das sie begeistert: „Gerade beim Mehl kommt es entschieden auf die Qualität des Getreides an", erklärt sie. Frisches Mehl duftet fein, pudrig und leicht süß – es hat sein eigenes Parfüm.

Fruchtig trifft herzhaft: Außerhalb der Erdbeersaison harmonieren Weintraube, Birne oder Mango.

Körnige Salatvariation

mit
Quinoa und Grünkern

Zutaten für 4 Personen

Für den Grünkernsalat
200 g Grünkern
650 ml Gemüsebrühe
1/2 rote Zwiebel
100 g Erdbeeren
einige Minzeblätter
6 EL Olivenöl
3–4 EL Aceto balsamico
1 Avocado
Kräutersalz
Pfeffer aus der Mühle

Für den Quinoasalat
250 g bunte Quinoa
1 grüne Paprikaschote
200 g Feta (Schafskäse)
1 Frühlingszwiebel
10 schwarze Oliven (ohne Stein)
3 EL Olivenöl
2 EL Kräuteressig
Kräutersalz
Pfeffer aus der Mühle
1 TL Honig

1. Für den Grünkernsalat den Grünkern in der Brühe zum Kochen bringen und nach Packungsanweisung bissfest garen. Vom Herd nehmen und ausquellen lassen. Die Zwiebel schälen und in dünne Scheiben schneiden. Die Erdbeeren waschen, putzen und in kleine Würfel schneiden. Die Minze waschen, trocken tupfen und fein hacken. Alle Zutaten mit Olivenöl und Balsamicoessig mischen.

2. Die Avocado halbieren und den Stein entfernen. Die Avocadohälften schälen, das Fruchtfleisch in mundgerechte Stücke schneiden und unterheben. Den Grünkernsalat mit Kräutersalz und Pfeffer würzen.

3. Für den Quinoasalat Quinoa in 1/2 l Wasser zum Kochen bringen und etwa 20 Minuten weich garen. Vom Herd nehmen und ausquellen lassen. Die Paprikaschote halbieren, entkernen, waschen und in kleine Würfel schneiden. Den Feta ebenfalls klein würfeln. Die Frühlingszwiebel putzen, waschen und den weißen und hellgrünen Teil in feine Ringe schneiden. Die Oliven klein schneiden.

4. Quinoa mit Paprika, Feta, Frühlingszwiebel, Oliven, Olivenöl und Kräuteressig mischen. Den Quinoasalat mit Kräutersalz und Pfeffer würzen und mit dem Honig abschmecken. Die Salate nach Belieben mithilfe von Dessertringen anrichten und mit Erdbeeren, Feta und Oliven garniert servieren.

Beschwipstes Reh

mit
Mehlkloß und Pfifferlingen

Zutaten für 4 Personen

Für das Fleisch
1 1/2 kg Rehfleisch (Gulasch oder Braten)
1 1/2 l Buttermilch
1/2 l trockener Rotwein
30 g Wildgewürz (Gewürzmischung)
Salz, Pfeffer aus der Mühle
1 Karotte
3 mittelgroße Zwiebeln
1 große Knoblauchzehe
2 EL Butterschmalz
400 g Crème fraîche
1/2 l Gemüsebrühe
1 TL getr. Thymian
ca. 150 g Pfifferlinge
Butter zum Anbraten

Für die Mehlklöße
700 g Weizenmehl
1/4 l Milch
Salz
4 Eier
1 altbackenes Brötchen
1 EL Butter

1. Drei Tage vorher das Rehfleisch parieren. In einem großen Topf Buttermilch und 1/4 l Rotwein mit dem Wildgewürz vermischen, das Rehfleisch darin einlegen und vollständig mit Flüssigkeit bedecken. Zugedeckt kühl stellen und das Rehfleisch drei Tage ziehen lassen.

2. Am Zubereitungstag das Fleisch herausnehmen, waschen und trocken tupfen. Das Rehfleisch mit Salz und Pfeffer würzen. Den Sud aufbewahren. Die Karotte putzen, schälen und in kleine Stücke schneiden. Zwiebeln und Knoblauch schälen und in feine Würfel schneiden.

3. Den Backofen auf 180 °C vorheizen. Das Butterschmalz in einem ofenfesten Bräter erhitzen, das Fleisch darin rundum anbraten und wieder herausnehmen. Die Zwiebelwürfel im noch heißen Bratfett andünsten, die Crème fraîche unterrühren und die Brühe und den restlichen Rotwein dazugießen. Karotte, Knoblauch und den Thymian dazugeben, das Fleisch einlegen und zugedeckt im Ofen auf der mittleren Schiene 2 Stunden garen. Dabei regelmäßig den Flüssigkeitsstand kontrollieren und bei Bedarf Wasser oder gesiebten Sud nachgießen.

4. Für die Mehlklöße das Mehl in eine Schüssel sieben und mit Milch, 1 Prise Salz und Eiern zu einem zähen Teig verrühren. Den Teig 20 Minuten ruhen lassen.

5. Währenddessen das Brötchen in ca. 1 cm große Würfel schneiden. Die Butter in einer Pfanne erhitzen und die Brotwürfel darin anrösten. Vom Herd nehmen, abkühlen lassen und unter den Teig mischen.

6. Reichlich Salzwasser in einem großen Topf erhitzen. Vom Teig mit zwei angefeuchteten Esslöffeln Nocken abstechen und ins siedende Wasser gleiten lassen. Den Topfdeckel halb auflegen und die Nocken etwa 25 bis 30 Minuten gar ziehen lassen.

7. Das Rehfleisch am Ende der Garzeit aus dem Bräter nehmen und zugedeckt bis zum Servieren warm halten. Den Bratensaft mit dem Stabmixer fein pürieren und nach Belieben mit Preiselbeeren, Salz und Pfeffer abschmecken. Die Pilze putzen, falls nötig, trocken abreiben und halbieren. Die Butter in einer Pfanne erhitzen, die Pilze darin bei starker Hitze rundum anbraten, mit Salz und Pfeffer würzen und mit in die Sauce geben. Die Mehlklöße mit dem Schaumlöffel aus dem Wasser heben, kurz abtropfen lassen und in Scheiben schneiden. Mit dem Fleisch und der Sauce auf Tellern anrichten.

Einfach köstlich! Bei diesem Rezept-
klassiker schließen Naschkatzen damals
wie heute genießerisch die Augen ...

Zitronen-Dinkelgrieß-Schnitte

mit Joghurt-Brombeer-Eis

Zutaten für 4 Personen

Für das Joghurt-Brombeer-Eis
375 g Sahnejoghurt
100 g Puderzucker
1/2 EL Zitronensaft
200 g kalte Sahne
75 g Brombeeren
einige Minzeblättchen

Für die Zitronen-Dinkelgrieß-Schnitten
750 ml Milch
1/2 Päckchen Vanillezucker
Salz
abgeriebene Schale von 1 Bio-Zitrone
2 EL Butter
225 g Dinkelgrieß
2 Eier

1. Am Vortag für das Joghurt-Brombeer-Eis Joghurt, 80 g Puderzucker und Zitronensaft verrühren. Die Sahne halbsteif schlagen und vorsichtig unter die Joghurtmasse heben.

2. Die Eismasse in der Eismaschine nach Gebrauchsanweisung frieren oder für mindestens 2 Stunden ins Tiefkühlfach stellen. Die Eismasse dabei alle 30 Minuten durchrühren, damit sich keine großen Eiskristalle bilden.

3. Die Brombeeren verlesen, waschen und trocken tupfen. Einige Beeren für die Garnierung beiseitelegen. Die übrigen Beeren mit dem Stabmixer pürieren. Das Püree durch ein feines Sieb streichen und den Saft mit dem restlichen Puderzucker verrühren.

4. Den Brombeersaft vorsichtig auf das halbgefrorene Eis träufeln und mit einer Gabel kreisförmig durch das Eis fahren, sodass ein Swirl entsteht. Das Brombeer-Joghurt-Eis nochmals für mehrere Stunden ins Tiefkühlfach stellen.

5. Für die Dinkelgrieß-Schnitten eine tiefe, gefrierfeste Auflaufform mit kaltem Wasser ausspülen. Die Milch in einem Topf mit Vanillezucker, 1 Prise Salz, Zitronenschale und Butter aufkochen. Vom Herd nehmen, den Grieß langsam einrieseln lassen und zu einem dicken Brei verrühren. Die Eier nach und nach unterheben, die Mischung etwa 1 1/2 cm hoch in der Auflaufform verteilen und glatt streichen. Den Grießbrei mindestens 4 Stunden kühl stellen.

6. Zum Servieren die Minzeblättchen waschen und trocken tupfen. Den Grießteig in Rauten schneiden, nach Belieben mit Zucker bestreuen und mit einem Flambiergerät karamellisieren. Die Grießschnitten mit je 1 Kugel Eis auf Tellern anrichten und mit Minze und Brombeeren verziert servieren.

Frühlingsbrötchen

mit Buttermilch

Zutaten für 4 Personen

125 g Haferkleie (mit Keim)
150 g Dinkelvollkornmehl
2 TL Backpulver
75 ml Buttermilch
2 EL Schnittlauchröllchen
4 EL Öl

1. Für den Teig Haferkleie, Mehl und Backpulver in einer Rührschüssel mischen. Die Buttermilch dazugießen und mit den übrigen Zutaten unter die Mehlmischung rühren.

2. Den Backofen auf 200 °C vorheizen. Ein Backblech mit Backpapier belegen. Den Teig in 8 gleich große Portionen teilen, diese zu Brötchen formen und mit etwas Abstand zueinander auf das Backblech legen.

3. Die Frühlingsbrötchen im Ofen auf der mittleren Schiene 15 bis 20 Minuten goldgelb backen.

Rezept für Römerbrot

Zu Presssack, Hand- oder Kochkäse (siehe Rezept S. 17) reiche ich gern frisch gebackenes Römerbrot. Dafür 1 Kastenform einfetten und leicht mit Mehl bestäuben. In einer großen Schüssel 750 g Weizen- oder Dinkelvollkornmehl mit 1 Tasse Leinsamen, 2 Tassen Sonnenblumenkernen und 1 EL Salz mischen. 1 Päckchen Trockenbackhefe hinzufügen und mit 3 EL Obst- oder Weinessig und 750 ml lauwarmem Wasser zu einem festen Teig verrühren. Den Teig gleichmäßig in die Form füllen, in den kalten Backofen stellen und bei 220 °C etwa 1 Stunde backen.

Dieses Grundrezept lässt sich toll variieren. Statt Sonnenblumenkernen schmecken zum Beispiel Walnüsse. Gewürze wie Kümmel, Anis oder Fenchel verleihen zusätzlich ein besonderes Aroma.

Kochkäse

aus
Harzer Handkäse

Zutaten für 4 Personen

250 g Butter
200 g Harzer Handkäse
200 g Schmand
200 g Sahne-Schmelzkäse
1 TL Natron
1 EL Sahne

1. Die Butter im Topf zerlassen. Den Harzer Handkäse in Würfel schneiden, hinzufügen und in der Butter schmelzen lassen. Dabei ständig mit dem Schneebesen rühren.

2. Sobald der Handkäse geschmolzen ist, den Schmand und den Schmelzkäse hinzufügen und unterrühren. Den Kochkäse bei schwacher Hitze etwa 20 Minuten köcheln lassen und immer wieder umrühren, damit nichts anbrennt.

3. Das Natron in der Sahne auflösen. Den Topf vom Herd nehmen und die Sahne-Natron-Mischung und nach Belieben 1 EL Kümmel vorsichtig unterrühren. Den Kochkäse in ein Schraubglas umfüllen und abkühlen lassen. Er schmeckt lauwarm oder kalt zum Beispiel zu Römerbrot (siehe Rezept im Kasten S. 16). Kühl aufbewahrt hält sich der Kochkäse etwa 1 Woche.

Mein Tipp:
Für dieses Rezept am besten einen hohen Topf verwenden (z. B. einen Simmertopf), da das Natron den Kochkäse aufschäumt und er leicht überlaufen kann!

Am Fuße des Schwanbergs, im Herzen von Wiesenbronn, liegt das traditionsreiche Ökoweingut der Familie Roth. Was in den Hängen und Weinbergen heranreift, wird unter der kundigen Hand von Nicole und ihrem Vater Gerhard zu Rot- und Weißweinen höchster Qualität.

Nicole Roth

In der fünften Generation führt die diplomierte Önologin eines der ersten ökologisch arbeitenden Weingüter Deutschlands.

„Der Sinn des Lebens ist das Leben selbst", meint Nicole – und könnte damit nicht besser zum Ausdruck bringen, was ihrer Arbeit zugrunde liegt: die Vielfalt des Lebens, die sich in den klimatisch begünstigten Hängen um Wiesenbronn, am Fuße des Schwanbergs im Steigerwald, tummelt. Der dunkle Gipskeuperboden, der so typisch ist für diesen Landstrich, ist in den rothschen Weinbergen nicht nur mit tiefwurzelnden Rebstöcken bewachsen, sondern auch mit aromatisch duftenden Kräutern und Gräsern: eine bewusst eingesäte Dauerbegrünung, die viele Vorteile für den Weinberg mit sich bringt. Die Weinstöcke von Sauvignon blanc, Silvaner oder Scheurebe, Pinot noir, Blaufränkisch und anderen Sorten des Weinguts teilen sich die mineralstoffreiche Erde mit wichtigen Nützlingen – ein einzigartiges Terroir.

Ökoweingut: Das war im Jahr 1974, als Nicoles Vater den Entschluss umsetzte, konsequent nach ökologischen Richtlinien zu wirtschaften, für viele Landwirte und Winzer in Deutschland noch ein Begriff, den sie nicht gerne in den Mund nahmen. Doch Gerhard Roth wusste damals schon genau, was er wollte – und der Erfolg gab ihm recht. Heute sind die Weine der Roths nicht nur vielfach prämiert. Das Gut gilt auch als Muster-Winzerbetrieb und ist mit einem bemerkenswert niedrigen CO_2-Ausstoß und der damit einhergehenden Ökobilanz ein Vorbild für zukunftsweisend arbeitende Betriebe.

Die Heimatregion stärken – das liegt Nicole, die hier aufgewachsen und nach einer Zeit im Ausland wieder hierher zurückgekehrt ist, am Herzen. Die Weinfässer sind aus Wiesenbronner Eichenholz gefertigt und um den ressourcenschonenden Kreislauf zu unterstützen, nimmt Nicole die weinguteigenen leeren Flaschen von den Kunden zurück und lässt sie vor Ort reinigen. Den Respekt vor der Natur haben Nicole und ihre Schwester Kerstin, die das benachbarte familieneigene Hotel führt, früh von ihren Eltern Gerhard und Ute mitbekommen. Als Ökoweinpionier hat Gerhard den Töchtern den Respekt vor der Natur vorgelebt. „Mein Vater sagt immer: Wein hat eine Seele", erzählt Nicole. Und diese Seele prägt sie heute entscheidend mit.

Dass sie das Weingut einmal übernehmen würde, war ihr schon früh klar. Nicole, die mit Begeisterung „bei Wind und Wetter in den Weinberg geht", hat die Seele des Weins von Anfang an mit Leidenschaft begleitet. So absolvierte sie nach dem Schulabschluss eine dreijährige Ausbildung zur Winzerin – und beschloss dann, noch eins draufzusetzen. Nach dem Weinbaustudium sammelte sie fast zwei Jahre lang Erfahrung in Kalifornien und arbeitete mehrere Jahre in verschiedenen Bereichen der deutschen Weinwirtschaft. Doch dann war die Heimatverbundenheit stärker. Seit 2011 ist sie zurück, hat 2015 das Weingut übernommen und teilt sich die Arbeit mit dem Vater und ihrem Team.

„Guter Wein ist ein Ausdruck von Lebensfreude."

Die Leidenschaft für Wein, die Freude daran, feinste Qualität im Glas auffunkeln zu lassen, gibt Nicole die Energie, ihre vielen Arbeitsbereiche mit Elan zu bewältigen. Auch wenn sie als Betriebsleiterin Management, Önologie, Marketing, Verkauf und Verkostungen den ganzen Tag auf Trab halten, kann sie sich bei einem Glas am Abend wunderbar entspannen: „Wein – das ist für mich: Augen schließen und mich des Lebens erfreuen", sagt sie.

Blutampfer ist nicht nur höchst dekorativ,
sondern aufgrund seiner wertvollen
Inhaltsstoffe auch sehr gesund.

Apfel-Fenchel-Salat

mit Saiblingsfilet

Zutaten für 4 Personen

2 Fenchelknollen
3 Äpfel (z. B. Golden Delicious oder Braeburn)
1 EL Zitronensaft
4 EL Öl
3 EL Apfelsaft
1 EL Agavendicksaft
3–4 EL trockener Weißwein
Salz
2 Saiblinge (vom Fischhändler filetieren lassen)
2 EL Butter
Pfeffer aus der Mühle
Blutampfer und Gänseblümchen zum Garnieren

1. Den Fenchel putzen, waschen und halbieren, den harten Strunk entfernen. Den Fenchel in feine Streifen schneiden oder hobeln. Die Äpfel waschen, vierteln und in feine Spalten schneiden, dabei die Kerngehäuse entfernen.

2. Den Zitronensaft mit 3 EL Öl, Apfelsaft, Agavendicksaft und Weißwein zu einer Vinaigrette verrühren und mit Salz würzen. Fenchel und Äpfel in einer Schüssel mit der Vinaigrette mischen und mindestens 30 Minuten ziehen lassen.

3. Inzwischen die Fischfilets waschen und trocken tupfen. Das restliche Öl und die Butter in einer Pfanne erhitzen und die Fischfilets darin mit der Hautseite nach unten 2 Minuten braten, dabei mit Salz und Pfeffer würzen. Wenden und weitere 2 bis 3 Minuten braten.

4. Den Apfel-Fenchel-Salat auf vier Tellern anrichten und je 1 Saiblingsfilet daraufgeben. Mit Blutampfer und Gänseblümchen garniert servieren.

Mein Tipp:
Zur Grillsaison schmeckt der Saibling köstlich, wenn er frisch vom Grill serviert wird.

Mein Tipp

Noch aromatischer schmeckt der Rotkohl, wenn er bereits am Vortag zubereitet wird und über Nacht kühl gestellt durchzieht. Den Rotkohl dann am besten vor dem Aufwärmen nochmals mit etwas Speisestärke bestäuben und kräftig durchrühren.

Schäufele

mit Blaukraut und Kartoffelklößen

Zutaten für 4 Personen

Für die Schäufele
1–2 Knoblauchzehen
4 Schäufele (à ca. 750 g; mit Knochen und Schwarte; vom Metzger kreuzweise einschneiden lassen)
Salz, Pfeffer aus der Mühle

Für die Sauce
2 Zwiebeln · 1 Karotte
1/4 Knollensellerie
1 Stange Lauch
3–4 EL Butterschmalz
400 g Fleischknochen vom Rind oder Kalb
4–5 EL Tomatenmark
1/2 l trockener Weißwein
ca. 1/4 l Gemüsebrühe
Salz, Pfeffer aus der Mühle

Für das Blaukraut
1 Rotkohl (ca. 1 kg)
1 EL Salz · 1 EL Zucker
1/2 l trockener Rotwein
5 Wacholderbeeren
2 getr. Lorbeerblätter
5 Nelken
2 Zimtstangen
2 Zwiebeln
2 EL Butterschmalz
3 EL Apfelmus
3 EL Preiselbeeren
1 TL Speisestärke

Für die Kartoffelklöße
1,2 kg mehligkochende Kartoffeln
Salz · 100 g Speisestärke
3–4 EL Butter · 2 Eigelb
frisch gemahlene Muskatnuss

1. Für das Fleisch den Backofen auf 90 °C vorheizen. Den Knoblauch schälen. Das Fleisch waschen, trocken tupfen, rundum mit Knoblauch einreiben und mit Salz und Pfeffer würzen. Die Schäufele mit den Schwarten nach oben in einen Bräter oder auf ein tiefes Backblech legen, etwa 1 1/2 cm hoch Wasser angießen und im Ofen etwa 4 bis 5 Stunden garen, dabei die Dampfgarfunktion dazuschalten. Alternativ das Fleisch alle 30 Minuten mit Bratensaft übergießen, 30 Minuten vor Ende der Garzeit mit 200 ml trockenem Weißwein begießen.

2. Zwiebeln, Karotte, Knollensellerie und Lauch putzen, schälen und in grobe Stücke schneiden. Das Butterschmalz in einem Topf erhitzen und die Knochen und das Gemüse darin bei starker Hitze rundum anbraten. Das Tomatenmark hinzufügen, kurz mitrösten und mit dem Weißwein ablöschen. Die Gemüsebrühe dazugießen und die Sauce zugedeckt 3 bis 4 Stunden köcheln lassen. Dann in ein Küchensieb abgießen, nochmals aufkochen lassen und mit Salz und Pfeffer abschmecken.

3. Für das Blaukraut den Rotkohl putzen, die äußeren Blätter entfernen und den Strunk herausschneiden. Den Kohl in feine Streifen schneiden oder hobeln. In einer Schüssel mit Salz, Zucker und Rotwein mischen und mit der Hand kräftig durchkneten, bis er weicher wird. Dabei Einweghandschuhe tragen. Kühl gestellt ziehen lassen (siehe Tipp).

4. Wacholder, Lorbeerblätter, Nelken und Zimtstangen in ein Gewürzsäckchen füllen. Die Zwiebeln schälen und in feine Würfel schneiden. Das Butterschmalz in einem Topf erhitzen und die Zwiebelwürfel darin andünsten. Den Kohl mit dem Rotwein hinzufügen, das Gewürzsäckchen dazugeben und bei schwacher Hitze etwa 1 Stunde köcheln lassen. Dann das Gewürzsäckchen wieder entfernen. Apfelmus, Preiselbeeren und Speisestärke untermischen und ggf. mit Salz und Zucker abschmecken.

5. Für die Klöße die Kartoffeln schälen, waschen, in Spalten schneiden und in Salzwasser weich garen. Die Kartoffeln abgießen, ausdampfen lassen und noch heiß durch die Kartoffelpresse drücken. Stärke, Butter und Eigelbe untermischen, mit Salz und Muskatnuss würzen und aus dem Teig mit angefeuchteten Händen 8 Klöße formen. Die Klöße in siedendem Salzwasser mit 1 Prise Stärke gar ziehen lassen, bis sie an die Oberfläche steigen. Mit dem Schaumlöffel herausheben.

6. Am Ende der Garzeit die Schäufele unter dem eingeschalteten Backofengrill knusprig grillen. Auf Tellern anrichten und mit Blaukraut, Klößen und Sauce servieren.

Einige Blättchen Minze verleihen der Weincreme einen tollen Frischekick.

Weincreme

mit Früchten

Zutaten für Personen

8 g Agar-Agar (ersatzweise 5 Blatt weiße Gelatine)
4 Eigelb
120 g Zucker
abgeriebene Schale von 1/2 Bio-Zitrone
1/2 ausgekratzte Vanilleschote
200 ml trockener aromatischer-Weißwein (z. B. Sauvignon Blanc)
400 g Sahne
Früchte der Saison zum Garnieren

1. Das Agar-Agar in wenig kaltem Wasser auflösen. Die Eigelbe mit Zucker, Zitronenschale und Vanillemark verrühren und den Weißwein dazugeben. Die Mischung langsam auf eine Temperatur von 60 °C erhitzen, dabei kräftig mit dem Schneebesen oder den Quirlen des Handrührgeräts schaumig rühren. Dann vom Herd nehmen, das Agar-Agar hinzufügen und unterrühren. Die Creme unter Rühren abkühlen lassen und 30 Minuten kühl stellen.

2. In der Zwischenzeit die Sahne steif schlagen. Sobald die Weincreme zu gelieren beginnt, die Sahne löffelweise unterziehen. Die Weincreme in einen Spritzbeutel mit großer Tülle füllen und auf Dessertgläser verteilen und mindestens 5 Stunden, am besten über Nacht, kühl stellen.

3. Die Früchte je nach Sorte verlesen, waschen und eventuell klein schneiden. Die Weincreme kurz vor dem Servieren damit garnieren.

Mein Tipp:
Ich löse das Agar-Agar gern in Weißwein auf, das macht die Weincreme noch aromatischer. Nach Belieben geschlagene Sahne in einen Spritzbeutel füllen und die Weincreme damit dekorieren. Als Alternative zum Spritzbeutel eignet sich ein Gefrierbeutel mit abgeschnittener Ecke.

Gefüllte Kartoffelklöße

mit Walnusspesto

Zutaten für 4 Personen

Für das Blaukraut
1 Rotkohl (ca. 1 kg)
1 EL Salz
1 EL Zucker
1/2 l trockener Rotwein
5 Wacholderbeeren
2 getr. Lorbeerblätter
5 Gewürznelken
2 Zimtstangen
2 Zwiebeln
2 EL Butterschmalz
3 EL Apfelmus
3 EL Preiselbeeren
1 TL Speisestärke

Für die Kartoffelklöße
1,2 kg mehligkochende Kartoffeln
Salz
100 g Speisestärke
3–4 EL Butter
2 Eigelb
frisch gemahlene Muskatnuss

Für das Walnusspesto
100 g Walnusskerne
100 ml Walnussöl
50 g geriebener Parmesan
Salz
Pfeffer aus der Mühle

Außerdem
1 Handvoll Salbeiblätter
50 g Butter

1. Für das Blaukraut den Rotkohl putzen, die äußeren Blätter entfernen und den Strunk herausschneiden. Den Kohl in feine Streifen schneiden oder hobeln. In einer Schüssel mit Salz, Zucker und Rotwein mischen und mit der Hand kräftig durchkneten, bis er mürbe wird. Dabei Einweghandschuhe tragen. Kühl gestellt ziehen lassen (siehe Tipp S. 22).

2. Wacholder, Lorbeerblätter, Gewürznelken und Zimtstangen in ein Gewürzsäckchen füllen. Die Zwiebeln schälen und in feine Würfel schneiden. Das Butterschmalz in einem Topf erhitzen und die Zwiebelwürfel darin andünsten. Den Kohl mit dem Rotwein hinzufügen, das Gewürzsäckchen dazugeben und bei schwacher Hitze etwa 1 Stunde köcheln lassen. Dann das Gewürzsäckchen wieder entfernen. Apfelmus, Preiselbeeren und Speisestärke untermischen und das Blaukraut mit ggf. Salz und Zucker abschmecken.

3. Für die Klöße die Kartoffeln schälen, waschen, in Spalten schneiden und in Salzwasser weich garen. Die Kartoffeln abgießen, ausdampfen lassen und noch heiß durch die Kartoffelpresse drücken. Stärke, Butter und Eigelbe untermischen, mit Salz und Muskatnuss würzen und aus dem Teig mit angefeuchteten Händen 8 Klöße formen.

4. In die Mitte jeder Teigportion eine Mulde drücken und je etwa 1 EL abgekühlten Rotkohl in die Mulde setzen. Den Kartoffelteig vorsichtig mit den Händen über die Füllung klappen. Ist die Füllung ganz bedeckt, den Kloß in der Hand rund formen. In einem großen Topf reichlich Salzwasser mit etwas Speisestärke zum Sieden bringen und die Klöße darin gar ziehen lassen, bis sie an die Oberfläche steigen. Mit dem Schaumlöffel herausheben.

5. Für das Pesto die Walnusskerne grob hacken und in einer Pfanne ohne Fett duftend anrösten. Die Nüsse mit dem Walnussöl und dem Parmesan im Standmixer fein pürieren. Das Pesto mit Salz und Pfeffer würzen.

6. Den Salbei waschen und trocken tupfen. Die Butter in einer Pfanne zerlassen und die Salbeiblätter hineingeben. Die Hitze reduzieren und die gefüllten Klöße in der Salbeibutter warm schwenken. Die Klöße mit etwas Salbeibutter beträufeln und mit dem Walnusspesto servieren.

Zitronen-Weißwein-Risotto

mit gebratenem Gemüse

Zutaten für 4 Personen

1 Zwiebel
2 Knoblauchzehen
100 g Champignons
1 Zucchini
1 Aubergine
4 EL Olivenöl
300 g Risottoreis
1/4 l trockener Weißwein
3/4 l Gemüsebrühe
Salz
Pfeffer aus der Mühle
Saft und abgeriebene Schale von
1 Bio-Zitrone
3 EL geriebener Parmesan

1. Die Zwiebel und den Knoblauch schälen und in feine Würfel schneiden. Die Pilze putzen, falls nötig, trocken abreiben und in Scheiben schneiden. Zucchini und Aubergine putzen, waschen und in kleine Würfel schneiden.

2. Die Hälfte des Olivenöls in einem Topf erhitzen und die Zwiebel und den Knoblauch darin andünsten. Den Reis dazugeben und andünsten. Mit dem Wein ablöschen und einköcheln lassen. So viel heiße Brühe angießen, dass der Reis bedeckt ist, und unter häufigem Rühren einköcheln lassen. Den Vorgang wiederholen, bis der Reis nach etwa 25 Minuten bissfest ist.

3. Währenddessen das restliche Olivenöl in einer Pfanne erhitzen und das Gemüse darin bei mittlerer Hitze etwa 10 Minuten anbraten. Dabei mit Salz und Pfeffer würzen.

4. Den Zitronensaft und die -schale mit dem Parmesan unter den fertigen Risotto rühren und mit dem gebratenen Gemüse servieren.

Mein Tipp:
Ich serviere dieses sommerlich leichte Gericht gern mit gebratenem Hähnchenbrustfilet oder zu Fisch. Und natürlich lässt sich das Gemüse nach Lust und Laune variieren.

Mittelfranken

Das Beste von seltenen Tieren verarbeiten Kristin Güllich und Nina Wagner: die eine als Metzgerin, die andere in einer Ziegenkäserei. Auf ihren Höfen in der Hügellandschaft Mittelfrankens finden artgerecht gehaltene Pinzgauer Rinder und Ziegen alles, was sie für ein gutes Leben brauchen.

Kristins Mann Martin träumte schon als kleiner Bub von einer eigenen Herde Pinzgauer Rinder. Die robuste bayerische Rasse führt auf dem Hof der Güllichs ein artgerechtes Leben. Als gelernte Metzgermeisterin kocht Kristin damit gern traditionelle fränkische Gerichte für die ganze Familie.

Kristin Güllich

Die Liebe zu Tieren und zum bodenständigen Handwerk hat in ihrer Familie seit Generationen Tradition.

Opa Friedrich machte es vor: Noch mit 90 Jahren stand er jeden Tag in der Familienmetzgerei und machte Bratwürste, Presssack und Leberwurst. Sein Sohn Reinhard tat es ihm gleich. Er wurde ebenfalls Metzger. Als junger Mann zog Friedrich, wie das damals üblich war, noch als Hausschlachter von Hof zu Hof. Doch Reinhard gab dem Familienhandwerk eine feste Heimat: Er gründete 1992 die Landmetzgerei Albrecht und hat heute zwei Filialen – eine davon leitet Kristin. Ob es die Liebe zum Opa war, das Vorbild ihrer Eltern, die Atmosphäre im Familienbetrieb – alles zusammen wahrscheinlich ließ sie, als sie schon über 20 war, eine Entscheidung treffen: „Ich fragte meinen Vater, ob ich bei ihm in die Lehre gehen kann." Sie konnte. Und so wurde aus der Bankkauffrau Kristin eine Metzgermeisterin. Eine Wende in ihrem Leben, die sie nie bereut hat.

„Reichtum bedeutet für uns: gesunde Kinder. Und dass wir als Familie zusammenhalten."

Ein Handwerk auszuüben, ist für Kristin eine Lebenseinstellung: „Als ich Martin kennenlernte, der von einem Bauernhof kam, fühlte sich die Arbeit in der Bank für mich einfach nicht mehr stimmig an." Mit Martin teilt sie die Liebe zu Tieren und den Respekt vor dem Wert ihres Lebens. Vor gut elf Jahren haben die beiden geheiratet. Kristin zog zu Martin und seinen Eltern auf den Hof. Mit den drei Kindern und den Schwiegereltern leben dort heute drei Generationen. Und dazu gut 70 Pinzgauer Rinder, Mutterkühe mit Kälbern und Zuchtbullen. Auf den Weiden rund um den Hof hat die Herde genügend Auslauf. Martin und Kristin betreiben die Landwirtschaft im Nebenerwerb. Hauptberuflich steht Kristin in der Metzgerei. Eine zierliche Frau, die kiloschwere Rinderschlegel wuchten kann und mit sicherer Hand die scharfen Messer führt, um Suppenfleisch, Steaks, Beinscheiben oder Rinderleber zuzuschneiden.

„Respekt vor dem Tier heißt für mich: alles zu verwerten. Bei uns ist nichts für die Tonne!", bekräftigt sie. Als Opa Friedrich auf den Höfen der Region die Sauen schlachtete, war diese Einstellung noch das Normalste der Welt. Selbstverständlich wurden alle Teile des Tieres veredelt! Den Begriff „Nose to Tail" kannte man damals nicht. Ein Tier war wertvoll und so wurde alles verfeinert – auch die Knochen, die Innereien. Heute ist diese Haltung wieder gefragt: „Für mich ist das eine große Leidenschaft. Immer wieder aufs Neue zu sehen, welche Qualität in jedem Stück Fleisch steckt – nicht nur in den Edelteilen. Was man allein aus Beinscheiben alles machen kann!", schwärmt Kristin. Die Qualität kommt nicht von ungefähr: Kristin verarbeitet das Fleisch ihrer eigenen Rinder. Familienhof und Familienmetzgerei sind eng miteinander verbunden.

Feingefühl im Umgang mit Tieren – für Martin und Kristin ist das eine Herzenssache. Stress oder lange Transportwege zum Schlachter gibt es für ihre Herde nicht. Bis zum Schluss sind Martin und Kristin bei ihrem Tier, begleiten es, vermitteln ihm Ruhe, sind für es da. „Urvertrauen" nennt Kristin das. Vertrauen in den Kreislauf des Lebens, ins Miteinander einer Familie. Kristin und Martin genießen es, nach getaner Arbeit bei den Kühen und Kälbern zu sitzen, ihnen zuzuschauen und dabei selbst ein bisserl runterzukommen vom Alltag. Ihre Kinder sind immer mit dabei. Ben, der Zweitjüngste, heißt mit zweitem Namen Friedrich. Er liebt es, in Stall und Metzgerei auch schon ein bisschen mitzuhelfen – der Kreis schließt sich.

Am besten immer erst ein Probeklößchen in die Suppe geben, damit man sieht, ob es hält.

Fränkische Hochzeitssuppe

mit
Klößchen-Variation

Zutaten für 4 Personen

Für die Klößchen
50–80 g Schweineleber
120 g Butter
ca. 160 g Weißbrotbrösel
4 Eier
frisch geriebene Muskatnuss
Salz, Pfeffer aus der Mühle
2–3 EL gehackte Petersilie

Für die Rinderbrühe
1 Zwiebel
1 Karotte
1 Stück Knollensellerie
1 Frühlingszwiebel
2–3 Beinscheiben vom Rind
1 EL Instant-Gemüsebrühe
Salz, Pfeffer aus der Mühle
2 EL Schnittlauchröllchen

1. Für die Klößchen die Schweineleber in feine Würfel schneiden und im Standmixer zu einer feinen Farce pürieren. Die übrigen Zutaten zu einem Teig verkneten. Den Teig teilen und eine Hälfte zu 18 kleinen Klößchen formen. Für Leberklößchen die Schweineleberfarce unter den restlichen Teig mischen und daraus weitere 6 Klößchen formen.

2. Für die Rinderbrühe Zwiebel, Karotte und Knollensellerie putzen, schälen und grob schneiden. Die Frühlingszwiebel putzen und den weißen und hellgrünen Teil in grobe Ringe schneiden. In einem großen Topf etwa 3 l Wasser zum Kochen bringen. Die Beinscheiben waschen und ins Wasser legen, sodass sie gut bedeckt sind (eventuell Wasser hinzufügen). Das Gemüse und die Brühe mit in den Topf geben und den Brühenansatz bei schwacher Hitze zugedeckt etwa 1 Stunde köcheln lassen. Die Rinderbrühe ist fertig, wenn sich das Fleisch vom Knochen löst. Dann das Fleisch herausnehmen und zugedeckt warm halten. Die Brühe durch ein Sieb abgießen und mit Salz und Pfeffer abschmecken.

3. Den Backofen auf 200 °C vorheizen. Für gebackene Klößchen die Hälfte der Klößchen auf ein mit Backpapier belegtes Backblech legen und im Ofen auf der mittleren Schiene etwa 8 Minuten goldgelb backen. Die restlichen Klößchen in der Brühe bei schwacher Hitze etwa 10 Minuten garen, dann die gebackenen Klöße dazugeben und weitere 5 Minuten ziehen lassen.

4. Zum Servieren die Suppe auf vier Teller verteilen, jeweils 2 Klößchen jeder Variante hineingeben und mit den Schnittlauchröllchen garniert servieren.

Mein Tipp:
Die Menge der Klößchen variiert, je nachdem, wie groß sie gerollt werden. Ich versuche, so viele herzustellen, dass sich die Zahl gerecht aufteilen lässt. Die gekochten Beinscheiben verwende ich gleich für das Rezept von Seite 35.

Beinscheiben vom Pinzgauer Rind

mit Meerrettichsauce und Petersilienkartoffeln

Zutaten für 4 Personen

Für die Beinscheiben
1 Zwiebel
1 Karotte
1 Stück Knollensellerie
1 Frühlingszwiebel
2–3 Beinscheiben vom Rind
1 EL Instant-Gemüsebrühe
Salz, Pfeffer aus der Mühle

Für die Meerrettichsauce
75 g Butter
1 EL Mehl
250 g Sahne
ca. 1/4 l Brühe zum Ablöschen
190 g Sahnemeerrettich (aus dem Glas)
Salz, Pfeffer aus der Mühle

Für die Petersilienkartoffeln
12 kleine festkochende Kartoffeln
Salz
1/4 Bund Petersilie
1 EL Butter

Für den Salat
1 kleiner Kopfsalat
1 kleine Zwiebel
1 TL mittelscharfer Senf
je 2 EL Essig und Öl
1/2 TL Zucker
Salz, Pfeffer aus der Mühle

1. Für die Beinscheiben Zwiebel, Karotte und Knollensellerie putzen, schälen und grob schneiden. Die Frühlingszwiebel putzen, waschen und den weißen und hellgrünen Teil in grobe Ringe schneiden. In einem großen Topf 3 l Wasser zum Kochen bringen. Die Beinscheiben waschen und ins Wasser legen, sodass sie gut bedeckt sind (eventuell Wasser hinzufügen). Das Gemüse und die Brühe mit in den Topf geben und den Brühenansatz bei schwacher Hitze zugedeckt etwa 1 Stunde köcheln lassen. Die Rinderbrühe ist fertig, wenn sich das Fleisch vom Knochen löst. Dann das Fleisch herausnehmen und zugedeckt warm halten. Die Brühe durch ein Sieb abgießen und mit Salz und Pfeffer abschmecken.

2. Für die Meerrettichsauce die Butter in einem Topf zerlassen. Das Mehl darin unter Rühren anschwitzen und mit Sahne und Brühe ablöschen. Den Sahnemeerrettich unterrühren, die Sauce unter Rühren einmal aufkochen lassen und mit Salz und Pfeffer würzen.

3. Für die Petersilienkartoffeln die Kartoffeln schälen, waschen, halbieren und in Salzwasser etwa 20 Minuten weich garen. Die Kartoffeln abgießen und ausdampfen lassen. Die Petersilie waschen, trocken schütteln und die Blättchen fein hacken. Kurz vor dem Servieren die Butter in einer Pfanne erhitzen, die Kartoffeln darin goldgelb anbraten und mit der Petersilie bestreuen.

4. Für den Salat vom Kopfsalat die äußeren Blätter entfernen. Den Salat in die einzelnen Blätter teilen, waschen, trocken schleudern und in mundgerechte Stücke zupfen. Die Zwiebel schälen, in feine Würfel schneiden und unter den Salat mischen. Für das Dressing Senf, Essig, Öl, Zucker, Salz und Pfeffer mit etwas Wasser verrühren und den Salat damit beträufeln.

5. Das Fleisch von den Beinscheiben lösen, mit Salz und Pfeffer würzen und mit Petersilienkartoffeln und Salat auf Tellern anrichten.

Mein Tipp:
Wenn Meerrettich im eigenen Garten wächst, empfiehlt es sich, ein bisschen davon frisch und ganz fein reinzuraspeln.

Himbeeren, Ananas, Mandarinen – der Kokostraum findet übers ganze Jahr einen obstigen Begleiter!

Kokostraum und Joghurtmousse

mit Erdbeerpüree

Zutaten für 4 Personen

Für den Kokostraum
200 g Sahne
1 Päckchen Vanillezucker
1 Päckchen Sahnesteif
500 g Speisequark (20 % Fett i. Tr.)
50 g Zucker
ausgekratztes Mark von
1 Vanilleschote
250 g Erdbeeren
100 g Kokosraspeln

Für die Joghurtmousse
8 Blatt weiße Gelatine
300 g saure Sahne
300 g Crème fraîche
300 g Naturjoghurt
ca. 100 g Zucker
3 EL Zitronensaft
300 g Sahne

Für das Erdbeerpüree
300 g Erdbeeren
etwas Puderzucker

1. Für den Kokostraum die Sahne mit Vanillezucker und Sahnesteif steif schlagen. Den Quark mit Zucker und Vanillemark glatt rühren, die Sahne unterheben und den Sahnequark kühl stellen.

2. Die Erdbeeren waschen, putzen und 2 Erdbeeren zum Garnieren beiseitelegen. Die übrigen Erdbeeren in kleine Würfel schneiden, nach Belieben mit etwas Zucker bestreuen. Die Hälfte vom Sahnequark in Dessertgläschen füllen, die gewürfelten Erdbeeren darauf verteilen und mit Kokosraspeln bestreuen. Mit dem restlichen Quark bedecken und mit je 1/2 Erdbeere garnieren.

3. Für die Joghurtmousse die Gelatine in kaltem Wasser einweichen. Saure Sahne, Crème fraîche, Joghurt und Zucker verrühren. Die Gelatine mit dem Zitronensaft in einem Topf erwärmen und unter ständigem Rühren auflösen. Erst 2 EL der Joghurtmasse unterrühren, dann die restliche Masse dazugeben.

4. Die Sahne steif schlagen und unter die Creme heben. Die Joghurtmousse auf kleine Gläschen verteilen und mindestens 2 Stunden kühl stellen. Die Mousse vor dem Servieren auf Teller stürzen.

5. Für das Erdbeerpüree die Erdbeeren waschen, putzen und mit dem Puderzucker fein pürieren. Die Joghurtmousse mit dem Erdbeerpüree beträufeln und nach Belieben mit frischen Erdbeeren garniert servieren. Den Kokostraum dazu anrichten.

Pinzgauerfilet

mit Honig-Senf-Kruste

Zutaten für 4 Personen

3 EL grober Senf
4 EL Öl
1 TL flüssiger Honig
1/2 Bund Estragon
schwarzer Pfeffer aus der Mühle
400 g Tomaten
1 Knoblauchzehe
1 kg Rinderfilet (am Stück, am besten vom Pinzgauer Rind)
Salz

1. Den Backofen auf 80 °C vorheizen und ein Backblech darin erwärmen. Senf, 2 EL Öl und den Honig verrühren. Den Estragon waschen, trocken schütteln, die Blättchen abzupfen und fein hacken. Den Estragon unter die Senfcreme rühren und mit Pfeffer würzen.

2. Die Tomaten waschen und halbieren, dabei die Stielansätze entfernen. Die Knoblauchzehe schälen und halbieren. Das Fleisch rundum mit Salz und Pfeffer würzen.

3. Das restliche Öl in einer Pfanne erhitzen und das Rinderfilet darin rundum anbraten. Die Tomaten- und Knoblauchhälften mit in die Pfanne geben und kurz mitbraten. Das Fleisch mit den Tomaten und dem Knoblauch auf das vorgewärmte Backblech geben. Das Filet mit der Senfcreme bestreichen, die Tomaten mit Salz würzen und im Backofen etwa 4 Stunden niedriggaren. Während der Garzeit die Backofentür nicht öffnen.

4. Am Ende der Garzeit das Backblech aus dem Ofen nehmen und das Rinderfilet aus dem Sud nehmen. Das Fleisch in Scheiben schneiden und anrichten. Den Sud durch ein feines Sieb absieben, mit Salz und Pfeffer abschmecken und als Sauce dazureichen. Als Beilage eignen sich Kroketten.

Krapfen

mit Hagebuttenmarmelade

Zutaten für ca. 50 Stück

2 kg Mehl und Mehl zum Arbeiten
125 g Zucker
125 g frische Hefe
1–1 1/4 l Milch
25 g Salz
6 Eier
125 g Schweinefett
ca. 1 kg Butterschmalz
ca. 250 g Hagebuttenmarmelade

1. Die Hälfte des Mehls mit 1 Prise Zucker mischen. In die Mitte eine Mulde hineindrücken und die Hefe hineinbröckeln. Die Milch leicht erwärmen, dazugießen und die Mischung mit den Knethaken der Küchenmaschine zu einem Teig verkneten. Zugedeckt an einem warmen Ort etwa 30 Minuten gehen lassen, bis sich das Volumen des Teigs in etwa verdoppelt hat.

2. Das restliche Mehl, Salz, übrigen Zucker und die Eier unterkneten. Das Fett leicht erwärmen, dazugeben und den Teig bei Zimmertemperatur 15 Minuten gehen lassen. Dabei den Teig alle 5 Minuten gut durchkneten. Den Teig dann mit der Hand zu einer flachen Kugel formen und eventuelle Luftbläschen entfernen.

3. Den Hefeteig auf der bemehlten Arbeitsfläche etwa 3 cm dick ausrollen oder mit den Händen flach ausdrücken. Mit einem runden Ausstecher (ca. 8 cm Durchmesser) etwa 50 Teigkreise ausstechen.

4. Das Butterschmalz in einem weiten Topf erhitzen. Das Schmalz ist heiß genug, wenn sich an einem hineingehaltenen Holzlöffelstiel Blasen bilden. Die Teigkreise portionsweise ins Schmalz geben und schwimmend ausbacken. Sobald die Unterseite braun gebacken ist, die Krapfen wenden. Dann mit dem Schaumlöffel herausheben und auf Küchenpapier abtropfen lassen.

5. Die Marmelade in eine Backspritze oder einen Spritzbeutel mit langer, dünner Lochtülle füllen. Die Backspritze seitlich ansetzen und die leicht abgekühlten Krapfen mittig mit Marmelade füllen.

Ziegenlassi, Labneh oder Ziegenmünster: In der Hofkäserei des Reimehofs in der Hersbrucker Alb stellt Nina mit ihrem Team gut 20 verschiedene Ziegenkäsespezialitäten her. Die kräuterreichen Weiden und Wiesen rund um den Hof tragen wesentlich zu Aroma und Würze bei.

Nina Wagner

„Urlaubsvertretung gesucht“: Diese Stellenanzeige führte die Ökolandwirtin von Berlin zurück in ihre Heimat.

Die böhmische Großmutter! Wer wie Nina eine Oma Anni hat, die aus Böhmen stammt, lernt von klein auf die Freude am Backen. Und auch, wie wunderbar es ist, etwas mit eigenen Händen zu erschaffen, ein Fingerspitzengefühl für die Eigenschaften der Lebensmittel auszubilden, wie etwa Frischkäse oder Brotteig. Als Nina vier Jahre alt war, zeigte ihr Oma Anni, wie man Strudelteig hauchdünn auszieht, wie man Kaiserschmarrn und Semmelknödel zubereitet. Die Liebe zum Kochen hat Nina nicht mehr verlassen und so arbeitete sie schon während ihres ersten Studiums nebenbei als Köchin für eine Naturschutzorganisation.

Sonderpädagogik – dafür hatte sie sich damals an der Uni Würzburg eingeschrieben. Lehrerin wollte sie ursprünglich werden. Doch als sie den Abschluss in der Tasche hatte, wusste sie: Das kann nicht alles gewesen sein. „Ich wollte mehr mit meinen Händen arbeiten. Und auch mehr mit der Natur“, erzählt sie. So schrieb sich Nina erneut für ein Studium ein. Zog aus ihrer fränkischen Heimat nach Eberswalde bei Berlin und studierte dort Ökoagrarwirtschaft. Eine Zeit, die sie sehr geprägt hat: „Nachhaltigkeit, Klimawandel und ein offenes Miteinander waren an der Uni große Themen für uns“, erinnert sie sich. Schnell wurde ihr klar, dass sie einmal in einer größeren Gemeinschaft leben, das offene Miteinander auch beruflich gestalten wollte. Und so fügte sich eines zum anderen, als sie zunächst ein Praktikum auf einem Bauernhof in Südtirol absolvierte, wo sie beim Käsemachen half. Und dann die Stellenanzeige las: Die solidarische Landwirtschaftsgemeinschaft auf dem Reimehof in Mittelfranken suchte eine Urlaubsvertretung für die Hofkäserei.

Und so kam Nina nach Franken zurück. Und ist bis heute dort geblieben. Mit ihrem Freund lebt sie auf dem Reimehof in der Fränkischen Alb mit gut zehn weiteren Mitbewohnern: zum Beispiel mit Tanja und Henner, die mit Nina in der Käserei arbeiten. Oder mit Filia, die sich ums Herdenmanagement kümmert. Oder mit Andrea, die den Reimehof leitet. Und mit den 90 Milchziegen, aus deren Milch Nina als Leiterin der Käserei über 20 verschiedene Käsesorten herstellt, vom Frischkäse bis zum Camembert, vom Hart- bis zum Räucherkäse. Wenn sie die Käseharfe durch den Käsebruch zieht, die tropfnasse, schwere Masse in Formen füllt, die Käse mit Salzlake und einer Bürste abreibt oder die Laibe wendet, damit sie perfekt heranreifen – dann spürt sie mit jedem Stück, das sie in Händen hält, die Nähe zur Natur.

> *„Eines Tages wird der Traum vom Hofcafé bestimmt für mich wahr.“*

Und sie liebt es zu kochen: „Am allerliebsten deftig“, betont sie und lacht. Da taucht wieder das Erbe von Oma Anni auf, die Beziehung zu den einfachen, guten Dingen. Nina ist Vegetarierin mit einem Hang zum Herzhaften: Zwiebelkuchen, süßer oder pikanter Schmarrn, Käsespätzle, Gemüseaufläufe oder Pizza – das sind die Dinge, die ihr besonders locker von der Hand gehen, wenn sie abwechselnd mit den anderen Bewohnern des Reimehofs mittags für die ganze Mannschaft kocht. „Ich bin sehr glücklich hier, sehr zufrieden“, sagt Nina. „Eines Tages aber möchte ich mir noch einen weiteren Wunsch erfüllen und ein Hofcafé eröffnen.“ Die Voraussetzungen sind gegeben: Wer den Strudelteig hauchdünn mit den Händen ziehen kann, ohne dass er reißt – der hat genügend Geduld, um ganz andere Herausforderungen zu stemmen.

Mein Tipp

Als Anstellgut bezeichnet man einen kleinen Rest Sauerteig, der als Grundlage für einen neuen Sauerteig dient. Eine andere Bezeichnung ist „Starter“ oder „Ura“. Er lässt sich separat ansetzen oder einfach vom letzten Sauerteig abnehmen und ungebacken aufbewahren.

Brotzeitteller

mit Frischkäsecreme, Zwiebel-Relish und Obazdn

Zutaten für 4–6 Personen

Für den Sauerteig
10 g Sauerteiganstellgut
260 g Roggenmehl
160 g Dinkelmehl
10 g frische Hefe
2 EL Honig
100 g Dinkelvollkornmehl
Salz
ca. 150 g Naturjoghurt (aus Ziegen-, Schaf- oder Kuhmilch)
nach Belieben Anis-, Fenchel- und Kümmelsamen
nach Belieben Sonnenblumen-, Kürbiskerne

Für das Zwiebel-Relish
2 Zweige Thymian
3 große Zwiebeln
1 EL Olivenöl
2 EL Honig
50 ml Aceto balsamico
1 TL Zitronensaft
Salz, Pfeffer aus der Mühle

Für die Frischkäsecreme
4–5 getr. Feigen (ungeschwefelt)
200 g Ziegenfrischkäse
1/2 TL Schwarzkümmel
1 gestr. TL Currypulver
1 Prise Zimtpulver
1 TL Honig
Salz

Für den Obazdn
200 g Ziegencamembert
100 g Butter
1 große Zwiebel
1/2 TL gemahlener Kümmel
1/2 TL Paprikapulver (edelsüß)
Salz, Pfeffer aus der Mühle

1. Für das Sauerteigbrot 3 Tage zuvor das Anstellgut mit 140 g Roggen-, 80 g Dinkelmehl und 120 ml warmem Wasser zu einem Vorteig verrühren. Den Vorteig an einem warmen Ort (26 bis 28 °C) 15 bis 18 Stunden zugedeckt ruhen lassen. Nach der ersten Ruhephase die Hälfte von der Hefe und 1 EL Honig in etwas warmem Wasser auflösen und mit dem restlichen Dinkelmehl, dem Dinkelvollkornmehl und 1 Prise Salz unter den Sauerteig rühren. Den Vorteig warmgestellt weitere 15 bis 18 Stunden ruhen lassen.

2. Nach der zweiten Ruhephase ein Backblech mit Backpapier belegen. Die restliche Hefe und den restlichen Honig in warmem Wasser auflösen, mit 1 TL Salz und dem Joghurt verrühren und die Hefemischung mit den übrigen Zutaten zum Vorteig geben. Alles zu einem glatten Sauerteig verkneten, falls nötig, Mehl oder Wasser ergänzen. Den Teig zu einem Laib formen und auf das Backblech legen. Den Sauerteig mit einem sauberen Geschirrtuch abdecken und bei Zimmertemperatur 1 bis 2 Stunden gehen lassen. Dann den Backofen auf 180 °C vorheizen und das Brot im Ofen auf der unteren Schiene etwa 1 Stunde knusprig backen. Dabei das Brot regelmäßig mit wenig Wasser besprengen.

3. Für das Zwiebel-Relish den Thymian waschen, trocken tupfen, die Blättchen abzupfen und fein hacken. Die Zwiebeln schälen, in feine Ringe schneiden und in heißem Olivenöl andünsten. Den Honig hinzufügen und unter Rühren flüssig werden lassen. Sobald er karamellisiert, Essig und Zitronensaft angießen. Den Thymian hinzufügen und das Relish etwa 10 Minuten einkochen lassen. Mit Salz und Pfeffer würzen.

4. Für die Frischkäsecreme die Feigen in kleine Würfel schneiden. Den Frischkäse mit dem Handrührgerät cremig rühren. Die Feigenwürfel und die übrigen Zutaten unterrühren und die Creme mit Salz abschmecken.

5. Für den Obazdn den Camembert und die Butter in kleine Würfel schneiden. Die Zwiebel schälen und in feine Würfel schneiden. Camembert, Butter und Zwiebel in einer Schüssel mit den Händen gut verkneten. Kümmel und Paprikapulver unterrühren und den Obazdn mit Salz und Pfeffer abschmecken.

6. Zwiebel-Relish, Frischkäsecreme und Obazdn nach Belieben auf Brotzeitbrettern anrichten und das Sauerteigbrot dazu servieren.

Vegetarische Variante

Statt Fleisch 4 große Champignons putzen und die Stiele entfernen. 200 g Ziegenfrischkäse mit fein gehackten Gartenkräutern und Salz verrühren, die Champignons damit füllen und im Ofen bei 180 °C etwa 15 Minuten überbacken.

Zickleinbraten

mit karamellisierten Gartenmöhrchen

Zutaten für 4 Personen

Für die Brezenknödel
8 Laugenbrezen (vom Vortag)
1 Bund Petersilie
2 Zwiebeln
ca. 60 g Butter
ca. 1/4 l Milch
4 Eier
Salz, Pfeffer aus der Mühle

Für den Braten
8–10 Champignons
2–3 Zweige Rosmarin
2–3 Zweige Thymian
3–4 EL Olivenöl
200 ml trockener Weißwein
600–800 g Zickleinfleisch (ohne Knochen; z. B. Keule, Rücken, Schulter)
Salz, Pfeffer aus der Mühle

Für die Karotten
8 Karotten mit Grün
1 EL Butter
2 EL Honig
Salz

Für die Majoransauce
ca. 100 g frischer Majoran
1 mehligkochende Kartoffel
1 kleine Zwiebel
2 EL Butter
1 EL Mehl
300 ml Gemüsebrühe

1. Für die Brezenknödel die Brezen in kleine Würfel schneiden und in eine große Schüssel geben. Die Petersilie waschen, trocken schütteln, die Blätter abzupfen und fein hacken. Die Zwiebeln schälen und in feine Würfel schneiden. Die Butter in einer Pfanne erhitzen und die Zwiebelwürfel darin andünsten. Die Pfanne vom Herd nehmen, die Milch dazugießen und die Eier darin verquirlen. Die Eiermilch zu den Brezenwürfeln in die Schüssel gießen und unterrühren. Die Petersilie untermischen, mit Salz und Pfeffer würzen und den Brezenteig etwa 1 Stunde ziehen lassen.

2. Für den Braten die Champignons putzen, falls nötig, trocken abreiben und halbieren. Rosmarin und Thymian waschen, trocken schütteln, die Nadeln bzw. Blätter abzupfen, fein hacken und mit Olivenöl und Weißwein zu einer Marinade verrühren. Das Zickleinfleisch, falls nötig, von Fett und Sehnen befreien, rundum mit Salz und Pfeffer würzen und mit der Marinade einreiben. Das Fleisch in eine Auflaufform legen, die Champignons dazugeben und im Dampfgargerät bei 85 °C 40 bis 50 Minuten garen. Alternativ das Fleisch in einer Pfanne in heißem Öl rundum anbraten und in einer ofenfesten Form mit der Marinade begießen. Im Backofen erst bei 180 °C Umluft 30 Minuten garen, dann die Ofentemperatur auf 120 °C reduzieren und weitere 60 bis 90 Minuten garen.

3. Aus dem Brezenteig mit den Händen kleine Knödel formen und diese in reichlich siedendem Salzwasser 15 Minuten garen. Die Knödel mit dem Schaumlöffel herausheben und bis zum Servieren warm halten.

4. Für die Karotten die Karotten putzen, waschen und nach Belieben schälen, dabei ein wenig vom Grün stehen lassen. Die Butter in der Pfanne erhitzen und die Karotten darin rundum 2 Minuten anbraten. Den Honig unterrühren, die Karotten mit Salz würzen und zugedeckt bei schwacher Hitze 5 Minuten bissfest garen.

5. Für den Majoranspiegel den Majoran waschen, trocken schütteln und die Blätter abzupfen. Die Kartoffel schälen, waschen und in kleine Würfel schneiden. Die Zwiebel schälen, in feine Würfel schneiden und in einem Topf in der Butter andünsten. Die Kartoffelwürfel dazugeben und unter Rühren weich garen. Das Mehl darüberstäuben, mit dem Schneebesen unterrühren und mit der Gemüsebrühe aufgießen. Den Majoran hinzufügen und mit dem Stabmixer zu einer feinen Sauce pürieren.

6. Zum Servieren die Majoransauce dünn und kreisförmig als Spiegel auf die Teller gießen. Den Zickleinbraten in Scheiben schneiden und darauf anrichten. Brezenknödel und karamellisierte Karotten dazulegen.

Der Käsekuchen schmeckt am besten, wenn er über Nacht durchgezogen ist.

Mein Tipp

Meine „Cremehilde" bereite ich am Vortag zu. Dafür lasse ich 2 bis 2 1/2 kg Ziegenjoghurt in einem Quarksack im Kühlschrank etwa 24 Stunden abtropfen. Anstelle des Quarksäckchens eignet sich auch ein feines Mulltuch, das ich in einem Küchensieb ausbreite.

„Drei-Käse-hoch“

eine
Dessertvariation aus Ziegenmilch

Zutaten für 10–12 Personen

Für den Käsekuchen „Cremehilde“
200 g Mehl
1 TL Backpulver
80 g Butter
330 g Zucker
2 Msp Vanillemark
4 Eier
700 g milder Ziegenfrischkäse (z. B. „Cremehilde“; siehe Tipp)
500 g Speisequark (40 % Fett i.Tr.)
1 Eigelb
Saft von 2 Orangen
3 EL Speisestärke
4 EL Puderzucker
2 EL Zitronensaft

Für das Walnuss-Ziegenmilch-Eis
200–300 g gemahlene Walnüsse
2 EL Zucker
3 EL Honig
500 g Sahne
1 Msp. Vanillemark
500 g milder Ziegenfrischkäse (z. B. „Cremehilde“; siehe Tipp)

Für die Ziegenfrischkäse-Pralinchen
160–200 g fester Ziegenfrischkäse
220 g Zucker
1 Msp. Vanillemark
50 g weiche Karamellmasse (z. B. Soft-Karamellbonbons)
2 EL Butter
150 g gehackte Haselnüsse
8 Haselnusskerne

Außerdem
Fett für die Form

1. Für den Käsekuchen den Backofen auf 175 °C vorheizen. 1 Springform (24 cm Durchmesser) einfetten. Mehl, Backpulver, Butter, 80 g Zucker, 1 Msp. Vanillemark und 1 Ei zu einem Mürbeteig verkneten. Die Form mit dem Teig auskleiden, dabei einen Rand hochziehen. Für die Füllung 400 g Frischkäse mit Quark, den übrigen Eiern, dem Eigelb, dem restlichen Zucker, restlichem Vanillemark, Orangensaft und Stärke verrühren und auf dem Teigboden verteilen. Den Kuchen im Ofen auf der mittleren Schiene etwa 50 bis 60 Minuten backen. Anschließend im Ofen bei leicht geöffneter Ofentür auskühlen lassen. Für das Topping den restlichen Frischkäse mit dem Puderzucker und dem Zitronensaft verquirlen und den abgekühlten Kuchen damit verzieren.

2. Für das Eis die Walnüsse in einer Pfanne ohne Fett duftend anrösten. Zucker und Honig hinzufügen und unter Rühren karamellisieren lassen. Die Pfanne von Herd nehmen und das Karamell abkühlen lassen, dann grob zerkleinern. Die Sahne mit dem Vanillemark steif schlagen und das Karamell und den Ziegenfrischkäse unterrühren. Die Eismasse in der Eismaschine nach Gebrauchsanweisung gefrieren lassen.

3. Für die Frischkäse-Pralinchen den Frischkäse mit 2 EL Zucker und Vanille verrühren. Die Karamellmasse mit den Händen weich kneten. Die Butter erhitzen, den restlichen Zucker hinzufügen und unter Rühren langsam darin auflösen. Die gehackten Haselnüsse unterheben, Topf vom Herd nehmen und den Krokant abkühlen lassen.

4. Die Haselnusskerne zuerst mit Karamell ummanteln, dann im Krokant wälzen und diesen gut andrücken. Die Krokantkugeln mit Frischkäse umhüllen und zu Kugeln formen. Die Frischkäse-Kugeln in Krokant wälzen.

5. Den Käsekuchen in Stücke schneiden. Je 1 Stück Kuchen mit 1 Kugel Eis und 2 Pralinen auf Tellern anrichten und servieren.

Mein Tipp:
Falls der Frischkäse für die Pralinen nicht fest genug zum Formen ist, lasse ich ihn über Nacht in einem Quarksäckchen oder -tuch kühl gestellt abtropfen.

Flammkuchen

mit Kürbis und Ziegenfeta

Zutaten für 4 Personen

Für den Teig
200 g Mehl
1 TL Salz
2 EL Öl und evtl. Öl für das Backblech

Für die Belag
2 Knoblauchzehen
250 g Ziegenfrischkäse
2 TL gehackter Thymian
1 TL gehackter Rosmarin
1 TL Salz
Pfeffer aus der Mühle
1/2 Hokkaidokürbis
1 Zwiebel
1–2 EL Öl
250 g Ziegenfeta

1. Aus Mehl, Salz, Öl und 100 ml Wasser einen geschmeidigen Teig kneten und diesen zugedeckt in einer Schüssel 30 Minuten ruhen lassen. Ein Backblech einfetten oder mit Backpapier belegen und den Teig darauf dünn ausrollen.

2. Für den Belag den Knoblauch schälen und in feine Würfel schneiden. Knoblauch, Ziegenfrischkäse, Kräuter und Salz in einer Schüssel verrühren und mit Pfeffer würzen. Den Kürbis waschen, halbieren und die Kerne mit einem Löffel entfernen. Das Kürbisfleisch in dünne Spalten schneiden. Die Zwiebel schälen und in dünne Ringe schneiden. Das Öl in einer Pfanne erhitzen und Kürbis und Zwiebelringe darin andünsten.

3. Den Backofen auf 180 °C vorheizen. Die Ziegenfrischkäsecreme gleichmäßig auf den Flammkuchenteig streichen und die Kürbis-Zwiebel-Mischung darauf verteilen. Den Ziegenfeta zerbrökeln und darüber streuen. Den Flammkuchen im Ofen auf der mittleren Schiene etwa 25 Minuten knusprig backen.

Mein Tipp:
Für eine sommerliche Flammkuchen-Variante verwende ich Tomaten statt Kürbis. Thymian und Rosmarin ersetze ich dann durch Oregano und Basilikum.

Apfelstrudel

nach Oma Anni

Zutaten für 1 Strudel

Für den Teig
250 g Mehl
Salz
1 Ei
2 EL Öl

Für die Füllung
1–1,2 kg Äpfel (z. B. Boskop)
120 g Zucker
1/2–1 TL Zimtpulver
1 EL Zitronensaft

Außerdem
50 g Butter
Mehl zum Bestäuben
Fett für die Form

1. Für den Teig in einer Schüssel das Mehl mit 1 Prise Salz mischen. Ei, Öl und 100 ml Wasser hinzufügen und mit den Knethaken des Handrührgeräts zu einem glatten Teig verkneten. Den Teig zugedeckt bei Zimmertemperatur 30 Minuten ruhen lassen.

2. Inzwischen für die Füllung die Äpfel schälen, vierteln und in dünne Scheiben schneiden, dabei die Kerngehäuse entfernen. Die Apfelscheiben in einer Schüssel mit Zucker, Zimt und Zitronensaft mischen. Nach Belieben 100 g Rosinen untermischen.

3. Die Butter in einem kleinen Topf zerlassen. Ein sauberes Geschirrtuch mit Mehl bestäuben und den Teig darauf ausrollen. Den Teig mit den Händen so dünn wie möglich ausziehen und mit der Hälfte der zerlassenen Butter bestreichen. Den Backofen auf 180 °C vorheizen. Eine ofenfeste Form einfetten.

4. Die Füllung auf dem Teig verteilen, dabei einen Rand von 5 cm frei lassen. Den Strudel mithilfe des Tuchs aufrollen und in die Form legen. Den Strudel mit der restlichen Butter bestreichen und im Ofen auf der mittleren Schiene 40 Minuten goldbraun backen. Am besten noch warm und nach Belieben mit Puderzucker bestreut servieren. Dazu schmeckt Vanillesauce.

Oberfranken

Angela Wunderlich und Anja Raithel tun mit ihren Familien viel dafür, die traditionelle Landwirtschaft zu pflegen. Die Naturlandschaften Oberfrankens sind dafür ideal. Hier finden die Schafe der Wunderlichs jede Menge Weidegrund und die Tiere auf dem Biohof der Raithels viel Freiraum.

Schäferstündchen? Die haben die über tausend Schafe und Lämmer der Wunderlichs jeden Tag. Sie dürfen auf den kräuterreichen Weiden der Fränkischen Alb grasen und haben dort ein herrlich freies Leben. Die Arbeit drum herum machen Angela und ihre Familie – und die Hütehunde!

Angela Wunderlich

Zupackend und mit viel Teamgeist führt sie mit ihrer Familie im Fränkischen Jura eine Wanderschäferei.

„Mei, haben Sie einen schönen Beruf!", sagen Ausflügler oft, wenn sie auf ihren Wanderungen durch die Fränkische Alb auf Angelas Familie und ihre Schafherde treffen. Klar, es sieht romantisch aus, wenn so eine Schar gemütlicher Schafe und Lämmer zwischen Wacholderbüschen grast, die Hütehunde drum herumflitzen und Anton, Angelas Mann, mit dem Schäferstab über die Herde wacht. Aber Wanderer sind nur bei schönem Wetter unterwegs, die Wunderlichs hingegen sind sieben Tage die Woche bei ihren Schafen, und wenn sie die Herden im Frühjahr auf die Weiden treiben, kann es schon noch mal ordentlich schneien. Regnen sowieso. Zimperlich darf man also nicht sein, wenn man das Leben einer Schäferfamilie führt – und da kommt es gerade recht, dass Angela so eine umtriebige Natur ist und es gerne hat, wenn viel zu tun ist. Und so war bestimmt auch ein wenig Fügung mit im Spiel, als sie mit 20 Jahren den Schäfer Anton kennenlernte und seine Frau wurde.

„Gesunde Nahrungsmittel zu produzieren, ist für mich der Sinn unserer Arbeit."

„Landwirtschaft kommt mir nicht in die Tüte!", soll Angela damals gesagt haben, erzählt Anton. Heute, sagt Angela, packe sie überall mit an, beim Aufstellen der Netze zum Einpferchen der Schafe, beim Scheren, Füttern, Tränken, beim Austreiben auf die Sommerweide, im Stall, mit den Maschinen, bei der Direktvermarktung ... Wenn man das so hört, klingt es nach viel mehr als nur „Mitanpacken", und deshalb sagt Anton auch nicht ohne Stolz: „Angela führt den Betrieb gleichberechtigt mit meinem Bruder und mir." Zwei Kinder haben sie, Tochter Anna und Sohn Elias, dazu Ziegen, Hunde, Esel. Die Wunderlichs sind in der vierten Generation Wanderschäfer – ein Beruf mit jahrtausendealter Tradition. Aber auch einer, den nur noch wenige ausüben. Bedingungslose Liebe zur Natur und zu den Tieren gehört dazu. Auch Verzicht auf Freizeit: „Schafe haben kein Wochenende", sagen die Wunderlichs.

„Ich hab's gern, wenn Action ist", bekräftigt Angela und freut sich darüber, dass ihre Kinder von sich aus immer wieder gerne mithelfen: „Wir haben zwar nicht so viel freie Zeit zusammen, aber wir verbinden das Zusammenhelfen mit Spaß!" Schafe halten ist Teamarbeit. Ohne Hütehunde würde die Herde auseinandertreiben, ohne Schäfer nicht geschützt sein. Und ohne Familiensinn wäre die Schäferei in der heutigen Zeit, wo Wolle kaum noch etwas einbringt, nicht mehr auskömmlich. Die Wunderlichs haben sich auf Direktvermarktung spezialisiert. Man kann bei ihnen ab Hof das zarte Lammfleisch kaufen, in dem der ganze Wohlgeschmack der Kräuter steckt, die auf den Naturschutzweiden des Fränkischen Jura gedeihen.

Verkauft wird das Fleisch als ganzes oder halbes Tier, fachfraulich zerlegt von Angela. Angeeignet hat sie sich die Technik selbst: „Ich hab einfach damit angefangen, das Fleisch so zu zerteilen, wie ich es für den Kochtopf brauche", erzählt sie lachend. Das kam bei den Kunden gut an. Angela ist eine passionierte Köchin und genießt es, frische Naturprodukte zu verfeinern. Ob hauchzartes Carpaccio oder saftige Schmorgerichte – wichtig ist ihr, alle Teile des Tieres zu verwerten. Gerade, weil sie eine gute Köchin ist, kann sie ihre Kunden aus eigener Erfahrung beraten und ihnen auch die weniger edlen Stücke wie etwa Beinscheiben schmackhaft machen. „Nose to Tail" sei für sie selbstverständlich, sagt sie: „Wenn ich eine gute Sauce möchte, brauche ich schließlich auch die Knochen!"

Essbare Blüten wie Veilchen
oder Ringelblumen sind ein
fröhlich-bunter Farbakzent.

Spargel-Ingwer-Salat

auf Lammschinken-Carpaccio

Zutaten für 4 Personen

1 kg Spargel
1 haselnussgroßes Stück Ingwer
2 Zwiebeln
Saft von 2 Zitronen
2 EL Olivenöl
4–5 EL Balsamico bianco
3 Kaffir-Limettenblätter
Salz, Pfeffer aus der Mühle
Zucker
Wildkräuter oder Salatblätter zum Garnieren
400 g Lammschinken (in hauchdünnen Scheiben)

1. Den Spargel schälen, die holzigen Enden abschneiden und den Spargel in mundgerechte Stücke schneiden. Den Ingwer und die Zwiebeln schälen und beides in feine Würfel schneiden. Die Zitronen halbieren und den Saft auspressen.

2. Das Olivenöl in einem Topf erhitzen, darin Ingwer- und Zwiebelwürfel anbraten und mit 1 l Wasser ablöschen. Zitronensaft, Balsamico bianco und die Kaffir-Limettenblätter hinzufügen und den Sud mit Salz und Pfeffer würzen. Den Sud aufkochen lassen, von der Herdplatte nehmen und mit 1 Prise Zucker abschmecken. Der Sud darf ruhig etwas kräftiger schmecken, da der Spargel die Schärfe abmildert.

3. Die Spargelstücke unter den noch heißen Sud mischen und abgedeckt bei Zimmertemperatur mehrere Stunden ziehen lassen.

4. Zum Servieren die Wildkräuter oder Salatblätter verlesen bzw. waschen und trocken tupfen. Den Schinken kreisförmig auf einer Platte anrichten, den Spargelsalat darauflegen und mit Wildkräutern oder Salatblättern dekoriert servieren.

Ossobuco vom Juralamm

mit Ofen-Süßkartoffel, Thymian-Vanille-Butter und Wurzelgemüse

Zutaten für 4 Personen

Für das Ossobuco
4 Lammhaxenscheiben (z. B. vom oberfränkischen Juralamm; à ca. 250 g; ca. 3 cm dick)
300 g Karotten
3 Stangen Staudensellerie
3 Zwiebeln
5 Knoblauchzehen
2 Zweige Rosmarin
6 EL Olivenöl
2 TL Fenchelsaat
5 getr. Lorbeerblätter
2 EL Tomatenmark
3 EL Ahornsirup (oder Blaubeer-/ Cranberrysirup)
1/4 l trockener Rotwein
1/2 l Gemüsebrühe
Salz, Pfeffer aus der Mühle
2 EL Speisestärke

Für die Ofensüßkartoffel
4 Zweige Thymian
4 kleine Süßkartoffeln
4 EL Butter
Salz, Pfeffer aus der Mühle

Für die Thymian-Vanille-Butter
4 Zweige Thymian
1 Vanilleschote
150 g Butter

Für das Wurzelgemüse
2 Karotten
2 Stangen Staudensellerie
1 kleine Stange Lauch
2 EL Butter
Salz, Pfeffer aus der Mühle
Zucker

1. Für das Ossobuco das Fleisch waschen und trocken tupfen. Für das Wurzelgemüse Karotten und Staudensellerie putzen, schälen und in kleine Würfel schneiden. Zwiebeln und Knoblauch schälen, die Zwiebeln in Spalten schneiden, die Knoblauchzehen halbieren. Den Rosmarin waschen, trocken schütteln, die Nadeln abzupfen und fein hacken.

2. In einem großen Bräter 4 EL Olivenöl erhitzen, das Fleisch darin rundum anbraten und wieder herausnehmen. Zwiebeln, Knoblauch, Karotten, Rosmarin und Sellerie im noch heißen Bräter im restlichen Olivenöl anrösten. Fenchelsaat, Lorbeerblätter und Tomatenmark hinzufügen, kurz mitrösten und mit Ahornsirup und Rotwein ablöschen. Kurz einkochen lassen. Den Backofen auf 160 °C vorheizen.

3. Die Gemüsebrühe angießen. Das Lammfleisch mit in den Bräter geben, alles kräftig mit Salz und Pfeffer würzen und ohne Deckel im Ofen auf der mittleren Schiene 3 1/2 bis 4 Stunden garen. Für die Ofensüßkartoffeln den Backofen auf 180 °C Umluft vorheizen. Den Thymian waschen und trocken tupfen. Die Süßkartoffeln waschen und trocken reiben. Jede Süßkartoffel auf ein Stück Alufolie legen und Butter und Thymian darauf verteilen. Mit Salz und Pfeffer würzen und die Alufolie gut verschließen. Die Süßkartoffeln im Ofen etwa 1 Stunde garen.

4. Für das Wurzelgemüse die Karotten, den Staudensellerie und den Lauch putzen und waschen bzw. schälen. Alle Gemüse in kleine Würfel schneiden und in einer Pfanne in der zerlassenen Butter anbraten. Mit Salz und Pfeffer würzen und mit 1 Prise Zucker abschmecken.

5. Für die Thymian-Vanille-Butter den Thymian waschen, trocken tupfen und die Blättchen abzupfen. Die Vanilleschote längs aufschneiden und das Mark herauskratzen. Die Butter in einem Topf zerlassen und Thymian und Vanillemark unterrühren.

6. Das Fleisch am Ende der Garzeit herausnehmen und warm halten. Die Garflüssigkeit durch ein Küchensieb in einen Topf abgießen, das gekochte Gemüse ausdrücken. Falls die Flüssigkeit stark reduziert ist, etwas Brühe hinzufügen. Die Speisestärke mit wenig kaltem Wasser glatt rühren, unter die Brühe mischen und aufkochen lassen. Die Sauce vom Herd nehmen und warm halten. Nach Belieben pürieren.

7. Zum Servieren die Süßkartoffeln aus der Alufolie nehmen, auf Teller verteilen und mit der Thymian-Vanille-Butter beträufeln. Das Ossobuco mit Wurzelgemüse und Sauce anrichten.

Ohne Flambiergerät karamellisiert der Zucker im Handumdrehen unterm heißen Backofengrill.

Ziegenfrischkäse-Tarte

mit Himbeer-Limetten-Eis

Zutaten für 4 Personen

Für die Ziegenfrischkäse-Tarte
250 g Mehl
250 g Zucker
150 g Butter
1/2 TL Backpulver
Salz
10 Basilikumblätter
1 Bio-Limette
60 g Ziegenfrischkäse
3 Eier
100 g Crème double
1 EL Honig
brauner Zucker zum Karamellisieren

Für das Himbeer-Limetten-Eis
1–2 Bio-Limetten
1 kg Himbeeren (frisch oder TK)
200 g Zucker

Außerdem
Fett für die Form
Hülsenfrüchte zum Blindbacken

1. Für die Tarte den Backofen auf 160 °C vorheizen. Eine Tarteform (28 cm Durchmesser) einfetten. Für den Boden das Mehl, 100 g Zucker, die Butter, das Backpulver und 1 Prise Salz zu einem Mürbeteig verarbeiten und in die Form drücken. Den Teig mit Backpapier belegen, mit Hülsenfrüchten auffüllen und im Ofen auf der mittleren Schiene etwa 30 Minuten blindbacken. Herausnehmen, das Backpapier mit den Hülsenfrüchten entfernen und den Teig abkühlen lassen. Die Ofentemperatur auf 100 °C Umluft abkühlen lassen.

2. Für die Füllung die Basilikumblätter waschen, trocken tupfen und in feine Streifen schneiden. Die Limette heiß waschen, trocken reiben und von einer Hälfte die Schale abreiben. Die Limette halbieren und den Saft auspressen. Mit dem Schneebesen den Ziegenfrischkäse mit dem restlichen Zucker, den Eiern und der Crème double verrühren. Honig, Basilikum, Limettenschale und etwas -saft unterrühren. Die Masse auf dem Teigboden verteilen und im Ofen auf der mittleren Schiene etwa 50 Minuten stocken lassen. Am Ende der Garzeit testen, ob die Masse fest ist, indem man vorsichtig an der Form rüttelt. Die Tarte herausnehmen und abkühlen lassen.

3. Vor dem Servieren die Tarte mit dem braunen Zucker bestreuen und mithilfe eines Flambiergeräts karamellisieren.

4. Für das Himbeer-Limetten-Eis die Limetten heiß waschen, trocken reiben und die Schale abreiben. Die Limetten halbieren und den Saft auspressen. Frische Himbeeren verlesen, waschen und abtropfen lassen. Tiefgekühlte Beeren antauen lassen. Einige Beeren zum Garnieren beiseitelegen. In einem Topf 250 ml Wasser mit dem Zucker zum Kochen bringen. Himbeeren, Limettensaft und -schale hinzufügen, aufkochen und kurz köcheln lassen. Den Topf vom Herd nehmen und die Himbeeren durch ein feines Sieb passieren. Das Mus abkühlen lassen und entweder in der Eismaschine nach Gebrauchsanweisung gefrieren, oder die Eismasse in einer flachen Gefrierform verstreichen und ins Tiefkühlfach gestellt etwa 3 Stunden gefrieren lassen. Dabei alle 30 Minuten mit einer Gabel durchrühren, damit sich keine großen Eiskristalle bilden.

5. Zum Servieren die Tarte in Stücke schneiden, auf Teller verteilen und mit je 1 Kugel Eis anrichten. Mit Himbeeren und nach Belieben Minzeblättchen und anderen Beerensorten verzieren.

„Verrücktes Sauerkraut“

mit Lammhackfleisch

Zutaten für 4 Personen

1–2 Zwiebeln
2 EL Öl
500 g Lammhackfleisch
200 g Tomatenmark
1 große Dose Sauerkraut (800 g Abtropfgewicht)
400 g Schmand (oder saure Sahne)
Salz
Pfeffer aus der Mühle
200 g geriebener Käse (z. B. Emmentaler)

1. Den Backofen auf 200 °C vorheizen. Die Zwiebeln schälen und in kleine Würfel schneiden. Das Öl in einer ofenfesten Pfanne erhitzen und die Zwiebelwürfel darin andünsten. Das Hackfleisch dazugeben und bei mittlerer Temperatur rundum krümelig anbraten. Das Tomatenmark hinzufügen und kurz mitrösten.

2. Die Temperatur reduzieren. Das Sauerkraut und die Hälfte vom Schmand untermischen und kräftig mit Salz und Pfeffer würzen. Die Pfanne vom Herd nehmen.

3. Den restlichen Schmand auf der Sauerkraut-Hackfleisch-Mischung verteilen und mit dem geriebenen Käse bestreuen. Im Ofen auf der mittleren Schiene goldbraun überbacken, bis der Käse zerlaufen oder hellbraun ist. Als Beilage passen Schupfnudeln oder Weißbrot.

Dank:
Dieses Rezept stammt ursprünglich von meiner Freundin Jasmin, die mich seit meiner Jugend begleitet: Danke, „Tschäi-Tschäi!“

Mamas Nusstorte

mit Marmelade

Zutaten für 4 Personen

Für den Boden
Butter für die Form
6–8 Eier (je nach Größe)
240–320 g Zucker (40 g pro Ei)
300–400 g Mehl (50 g pro Ei)

Für die Füllung
1,2 kg Sahne
6 Päckchen Sahnesteif
4 Päckchen Vanillezucker
300 g gemahlene Haselnüsse (oder Walnüsse)
einige Tropfen Rumaroma
3 EL säuerliche Marmelade (z. B. Johannisbeer oder Holunder)

Für den Guss
250 g Puderzucker
3 EL Kokosfett

1. Für den Biskuitboden den Backofen auf 160 °C vorheizen. Eine Springform einfetten. Die Eier sehr schaumig rühren, dabei den Zucker einrieseln lassen, bis die Masse fest und fast weiß ist. Das Mehl löffelweise mit dem Schneebesen unterheben.

2. Den Teig in die Form füllen und glatt streichen. Im Ofen auf der mittleren Schiene etwa 40 Minuten backen. Herausnehmen und abkühlen lassen. Die Springform öffnen und den Ring lösen. Den Biskuit zweimal waagerecht durchschneiden, sodass 3 Teigböden entstehen.

3. Für die Füllung 1 kg Sahne mit dem Sahnesteif und dem Vanillezucker steif schlagen. Die Nüsse und das Rumaroma unterheben.

4. Die Marmelade leicht erwärmen und die Biskuitböden gleichmäßig damit bestreichen. Um den untersten Boden einen Tortenring legen. Ein Drittel der Füllung daraufgeben und glatt streichen. Mit dem zweiten Biskuitboden bedecken, das zweite Drittel Füllung daraufgeben und mit dem letzten Biskuitboden belegen. Die restliche Füllung darauf verteilen.

5. Für den Guss den Puderzucker mit etwas Wasser glatt rühren. Nach Belieben einige Tropfen Rumaroma ergänzen. Das Kokosfett in einem Topf zerlassen und zügig unter den Zuckerguss rühren. Die Nusstorte gleichmäßig mit dem Zuckerguss überziehen und vor dem Servieren mindestens 3 Stunden kühl gestellt ziehen lassen.

6. Die restliche Sahne steif schlagen. Den Tortenring abnehmen und den Tortenrand damit einstreichen. Die Nusstorte mit Sahnetupfen verzieren.

Landwirtschaft wie sie früher einmal war, vielseitig und ökologisch: Für Anja und ihre Familie hat das Zukunftspotenzial. Sie geben ihren sechs Kindern diese Bodenständigkeit und Naturverbundenheit weiter. Und artgerechte Freilandhaltung für die Tiere gehört selbstverständlich mit dazu.

Anja Raithel

Sechs Kinder, Mutterkühe, Schweinefreilandhaltung, Hofmetzgerei: Das Leben auf dem Biohof Raithel ist abwechslungsreich.

Unten in den Teichen gründeln Karpfen, in den Bienenstöcken summt es, Kühe und Kälber grasen auf der Weide, Schweine suhlen sich im Freien, dazwischen gackern Hühner – langweilig wird es auf dem Biohof von Anja, ihrem Mann Gerhard und den Kindern Lennard, Lorenz, Jannes, Maris, Linda und Jurek nie. „Ja, es gibt einiges zu tun", meint Anja fröhlich, „aber es macht auch Spaß!" Um halb sieben Uhr morgens beginnt ihr Tag, dann geht es erst mal zur Mutterkuhherde, zu den Schafen, Hühnern und Schweinen – und dann besprechen Anja und Gerhard beim Frühstückskaffee erst einmal gemeinsam, was den Tag über alles so ansteht. „Gerhard und ich können gut miteinander planen", erzählt Anja. Mit ein Grund, meint sie, dass die Familie die vielfältigen Aufgaben am Hof so gut stemmt.

„Im Einklang mit der Natur zu leben, ist für uns ganz wichtig."

Vielseitigkeit ist genau das, was die Raithels bewusst pflegen. Von den Kartoffeln bis zu den Eiern, von Fischen über Fleisch und Wurst von den eigenen Tieren, vom Honig bis zum selbst gemachten Käse und Brot, von Gemüse und Obst aus dem Garten bis zum eigenen Getreide kann Anja mit ihrer Familie nicht nur sich selbst versorgen – sondern auch die Kunden, die am Hof einkaufen, was die Raithels über den Eigenbedarf hinaus anbieten können. Die Natur nicht ausbeuten, die Schöpfung schützen, wie Anja sagt – mit dieser Einstellung wird der Raithelhof seit dem Jahr 1992 als Biohof bewirtschaftet. Gerhard wurde schon jung, mit 16 Jahren, Hofnachfolger. In der fünften Generation bewirtschaftet er mit seiner Anja den Familienbetrieb.

„Wir lieben die traditionelle Landwirtschaft", sagt Anja. Die Bienen seien immer schon am Hof gewesen, erzählt sie, die hatte schon der Urgroßvater vom Gerhard gehabt. Ein Hof, in dem eins ins andere greift, ist ein perfekter Ort für Kinder. Wer von klein auf mit dabei ist, wenn Kartoffeln und Karotten aus der Erde gezogen werden, wenn das noch schlachtwarme Fleisch der eigenen Tiere zu frischer Wurst verarbeitet, das eigene Brot aus dem Ofen geholt und eigener Honig geschleudert wird – der entwickelt früh Fingerfertigkeiten und praktisches Geschick. Und bekommt wie selbstverständlich ein Gefühl für den Kreislauf des Lebens, sagt Anja. Vier Kinder gehen noch zur Schule, aber alle helfen gerne mit, wo sie können und wenn sie Zeit dafür haben.

Überall zur Hand gehen – so beschreibt auch Anja ihre Tätigkeiten am Hof. Mit ein bisschen Understatement allerdings. Denn bei ihr laufen die Fäden zusammen. Sie steht in direktem Kontakt zu den Kunden, die das Biofleisch bestellen. Wenn ein Tier geschlachtet wird, entscheiden sich die Raithels dafür ganz bewusst: „Wir möchten die Tiere nicht nur würdig halten, sondern auch würdig verwerten", sagt Anja. Dazu gehört, dass alle Teile geschätzt werden: „Wir wissen vorher ganz genau, wer was bekommt und was wir daraus verarbeiten", sagt Anja. So wird jedes Stück bewusst veredelt – und kein Rest verbleibt.

Aus dem Vollen schöpft Anja, wenn sie für die Familie kocht. Alle essen zusammen, wenn die Kinder aus der Schule kommen. Als gelernte ländliche Hauswirtschafterin braucht sie keine Rezepte – die Handgriffe beherrscht sie aus dem Effeff. Sie deckt den Tisch flexibel mit all dem, was Felder, Äcker, Obstbäume und Garten das Jahr über hergeben. Unter der Woche gibt es viel Gemüse, Aufläufe sind der Hit in der Familie, aber es wird auch mal ein gutes Stück Fleisch zelebriert.

Kürbissuppe

mit Pestoschnecken

Zutaten für 4 Personen

Für die Pestoschnecken
500 g Mehl
1/2 TL Meersalz
350 ml Milch
1 Würfel Hefe (42 g)
1 EL Honig
80 g getrocknete Tomaten (in Öl)
80 g Pesto (z. B. Basilikum- oder Tomatenpesto)
100 g geriebener Käse (z. B. Edamer)

Für die Suppe
1,8 kg Hokkaidokürbis
1 Zwiebel
2 Knoblauchzehen
2 EL Öl
ca. 1 l Gemüsebrühe
Salz
200 g Sahne
frisch geriebene Muskatnuss
1/2 TL getr. Majoran
Pfeffer aus der Mühle

1. Für die Pestoschnecken Mehl und Meersalz in einer Schüssel mischen und in die Mitte eine Mulde drücken. Die Milch lauwarm erhitzen. Die Hefe zerbröckeln und mit dem Honig in 100 ml Milch auflösen. Die Hefemilch in die Mulde gießen und bei Zimmertemperatur 10 Minuten gehen lassen. Dann die restliche Milch hinzufügen und alles zu einem glatten Hefeteig verrühren. Zugedeckt an einem warmen Ort etwa 40 Minuten gehen lassen, bis sich das Teigvolumen verdoppelt hat.

2. Ein Backblech mit Backpapier belegen. Für die Füllung die Tomaten in kleine Würfel schneiden. Den Hefeteig nochmals durchkneten und zu einem etwa 30 x 60 cm großen Rechteck ausrollen. Den Teig gleichmäßig mit Pesto bestreichen, die Tomatenwürfel darauf verteilen und mit dem geriebenen Käse bestreuen. Von der Längsseite her eng aufrollen und die Teigrolle in etwa 2 cm dicke Scheiben schneiden. Die Pestoschnecken mit der Schnittseite auf das Backbleck legen und weitere 30 Minuten gehen lassen. Dann den Backofen auf 200 °C vorheizen und die Schnecken im Ofen auf der mittleren Schiene etwa 20 Minuten goldbraun backen.

3. Inzwischen für die Suppe den Kürbis waschen, vierteln und die Kerne mit einem Löffel entfernen. Die Kürbisviertel in etwa 2 cm große Würfel schneiden. Zwiebel und Knoblauch schälen und in feine Würfel schneiden. Das Öl in einem Topf erhitzen und die Kürbiswürfel darin anbraten. Die Zwiebel- und Knoblauchwürfel hinzufügen, kurz mitdünsten und mit der Gemüsebrühe ablöschen. Mit Salz würzen und halb zugedeckt bei mittlerer Hitze etwa 20 Minuten garen, bis der Kürbis weich ist. Dann mit dem Stabmixer fein pürieren.

4. Die Sahne steif schlagen. Die Kürbissuppe mit Muskatnuss, Majoran und Pfeffer würzen, auf Teller verteilen und mit der geschlagenen Sahne und nach Belieben Majoranblättchen garniert servieren. Die Pestoschnecken dazureichen.

Streifen von der Bavette

mit Ratatouille

Zutaten für 4 Personen

Für das Fleisch
5 Tropfen dunkle Sojasauce
1/2 TL getr. Kräuter der Provence
4 EL Öl
1 Bavette (kleines Flanksteak; ca. 800 g)
Salz

Für die Ofenkartoffel
1 kg neue Kartoffeln
2–3 Stiele Majoran
3–4 EL Öl
1–2 TL Kräutersalz
1/2 TL Paprikapulver (edelsüß)

Für das Ratatouille
1 kleine Aubergine
je 2 grüne und gelbe Zucchini
1 Zwiebel
2 Knoblauchzehen
Salz
2–3 EL Olivenöl
1 TL gehackte Kräuter der Saison (z. B. Thymian, Majoran, Rosmarin)
1 EL Instant-Gemüsebrühe
1 EL Sahne
2 Tomaten
150 g Feta (Schafskäse)

1. Für das Fleisch die Sojasauce mit den getrockneten Kräutern und 2 EL Öl zu einer Marinade verrühren. Das Bavette quer zur Faser in 1 cm dünne Streifen schneiden, in der Marinade einlegen und darin kühl gestellt und zugedeckt 1 bis 2 Stunden ziehen lassen.

2. Für die Ofenkartoffeln den Backofen auf 180 °C Umluft vorheizen. Die Kartoffeln mit der Schale gründlich waschen, halbieren und längs in dicke Scheiben schneiden. Den Majoran waschen, trocken tupfen und die Blättchen abzupfen. Das Öl mit Kräutersalz, Paprikapulver und Majoran verrühren, auf einem Backblech verstreichen und die Kartoffeln mit der Schnittseite nach unten darauf verteilen. Die Kartoffeln im Ofen auf der mittleren Schiene etwa 45 Minuten goldbraun backen.

3. Für das Ratatouille die Aubergine und die Zucchini putzen, waschen und in dünne Scheiben schneiden. Zwiebel und Knoblauch schälen und in feine Würfel schneiden. Die Zucchini- und Auberginenscheiben separat mit Salz würzen. Das Olivenöl in einer Pfanne erhitzen und die Zucchinischeiben darin auf jeder Seite anbraten. Die Zucchinischeiben wieder herausnehmen und die Zwiebel- und Knoblauchwürfel in der noch heißen Pfanne andünsten. Die Kräuter unterrühren und mit der Gemüsebrühe und der Sahne ablöschen. Die Pfanne vom Herd nehmen.

4. Die Tomaten waschen und in Scheiben schneiden, dabei die Stielansätze entfernen. Zucchini-, Auberginen- und Tomatenscheiben abwechselnd fächerförmig in eine Auflaufform schichten und mit dem Würzfond übergießen. Das Ratatouille zu den Ofenkartoffeln in den Backofen schieben. Wenn das Gemüse leicht angebräunt ist, den Feta darüberbröckeln und weitere 5 bis 10 Minuten garen.

5. Die marinierten Fleischscheiben in Wellen auf lange Holzspieße spießen. Das restliche Öl in einer Pfanne erhitzen und die Bavettestreifen darin auf jeder Seite 2 bis 3 Minuten braten, dabei mit 2 Prisen Salz würzen. Die Spieße aus der Pfanne nehmen, auf Tellern anrichten und mit den Ofenkartoffeln und dem Ratatouille servieren. Nach Belieben Kräuterbutter dazureichen.

Mein Tipp:
Ich verwende Kräuter stets vorsichtig, um den Geschmack abzurunden. Dass sie vorschmecken, vermeide ich: Schließlich soll die Hauptzutat besonders zur Geltung kommen.

Sahnequark
mit Heidelbeerkompott

Zutaten für 4 Personen

1/2 Zitrone
500 g Speisequark (40 % Fett i. Tr.)
100 g Zucker
250 g Sahne
1 Päckchen Vanillezucker
200 g Heidelbeeren
nach Belieben etwas Zitronensaft
nach Belieben etwas Zucker

1. Für den Sahnequark die Zitrone auspressen. Den Quark in einer Schüssel mit dem Zucker und dem Zitronensaft verrühren. Die Sahne mit dem Vanillezucker steif schlagen. Die Vanillesahne vorsichtig unter die Quarkcreme heben.

2. Für das Heidelbeerkompott die Heidelbeeren verlesen und waschen. Die Beeren in einem Topf mit wenig Wasser aufkochen und nach Belieben mit Zucker und Zitronensaft abschmecken. Bei schwacher Hitze leicht einköcheln lassen.

3. Den Sahnequark in Dessertgläser füllen und das Heidelbeerkompott darübergeben.

Mein Tipp:
Je nach Saison schmecken statt Heidelbeeren auch Himbeeren oder Pfirsiche als Kompott. Die Pfirsiche am besten nach dem Einkochen mit dem Stabmixer fein pürieren.

Dinkel-Wurzelgemüse-Rösti

mit Quarkdip

Zutaten für 4 Personen

Für die Rösti
450 ml Gemüsebrühe
Salz
frisch geriebene Muskatnuss
Pfeffer aus der Mühle
200 g Dinkelvollkornschrot
1 Zwiebel
1 Pastinake
150 g bunte Karotten (gelb, orange und rot)
1 große Kartoffel
1 Stange Lauch
1/2 TL gehackte Kräuter (z. B. Kerbel, Thymian, Majoran, Rosmarin)
Öl zum Braten

Für den Dip
250 g Speisequark (40 % Fett i. Tr.)
50 g Frischkäse
etwas Milch
2 Msp. Paprikapulver (edelsüß)
Kräutersalz
Pfeffer aus der Mühle
1 Zwiebel
1–2 Knoblauchzehen
1 Handvoll gemischte Kräuter (z. B. Petersilie, Schnittlauch, Estragon)

1. Für die Rösti die Gemüsebrühe in einem Topf mit 1/2 TL Salz, 1 Prise Muskatnuss und etwas Pfeffer zum Kochen bringen. Das Dinkelvollkornschrot unterrühren und zugedeckt bei schwacher Hitze 20 Minuten köcheln lassen. Den Topf vom Herd nehmen und die Dinkelmasse quellen lassen.

2. Zwiebel, Pastinake, Karotten und Kartoffel schälen, waschen und auf der Gemüsereibe grob reiben. Den Lauch putzen, waschen und in feine Streifen schneiden. Das Gemüse und die Kräuter unter den abgekühlten Dinkelbrei mischen und mit Salz, Pfeffer und Muskatnuss würzen. Die Mischung mit angefeuchteten Händen zu Röstis formen und in einer Pfanne im heißen Öl auf beiden Seiten goldbraun braten.

3. Für den Dip in einer Schüssel Quark, Frischkäse und Milch mit dem Paprikapulver verrühren und mit Kräutersalz und Pfeffer würzen. Zwiebel und Knoblauch schälen, die Zwiebel in feine Würfel schneiden. Die Kräuter waschen, trocken schütteln, je nach Sorte die Blättchen abzupfen und fein hacken. Zwiebelwürfel und Kräuter zur Quarkmischung geben, den Knoblauch dazupressen und verrühren.

4. Die Röstis mit dem Quarkdip auf Tellern anrichten und servieren. Dazu passt grüner Salat.

Ofengemüse

mit Birnen und Weintrauben

Zutaten für 4 Personen

500 g mehligkochende Kartoffeln
500 g Kürbis (z. B. Hokkaido-, Muskatkürbis)
2 Birnen
2 EL Öl
Salz
Pfeffer aus der Mühle
250 g Raclettekäse (am Stück)
100 g helle Weintrauben
1 Zweig Thymian
1 Zweig Rosmarin
2 getr. Lorbeerblätter

1. Die Kartoffeln mit der Schale gründlich waschen und in Achtel schneiden. Den Kürbis schälen (Hokkaidokürbis waschen), vierteln und die Kerne mit einem Löffel entfernen. Das Kürbisfleisch in mundgerechte Stücke schneiden. Die Birnen waschen, halbieren und in Spalten schneiden, dabei die Kerngehäuse entfernen.

2. Den Backofen auf 200 °C vorheizen. Gemüse und Birnen in einer Schüssel mit dem Öl mischen und mit Salz und Pfeffer würzen. Die Gemüse-Obst-Mischung in einer ofenfesten Form oder auf einem tiefen Backblech verteilen und im Ofen auf der mittleren Schiene 30 Minuten garen.

3. Inzwischen vom Käse die Rinde abschneiden und den Käse auf der Küchenreibe reiben. Die Weintrauben waschen, abtropfen lassen und die Trauben von den Rispen zupfen. Thymian und Rosmarin waschen, trocken tupen, die Blättchen bzw. Nadeln abzupfen und fein hacken.

4. Am Ende der Garzeit die Trauben, die gehackten Kräuter und die Lorbeerblätter unter das Ofengemüse mischen. Den Käse gleichmäßig darüberstreuen und das Ofengemüse weitere 15 bis 20 Minuten im Ofen überbacken. Dann herausnehmen, die Lorbeerblätter wieder entfernen und servieren.

Oberpfalz

Welch gute Dinge dabei herauskommen, wenn man den Kreislauf der Natur achtet, wissen Schirin Oeding und Monika Bernhard: In der naturwüchsigen Landschaft der Oberpfalz veredeln sie auf ihren Höfen Bio-Ziegenmilch und heimische Früchte zu feinen Spezialitäten mit viel Charakter und Aroma.

Ziegen sind aufgeweckt – also genau die richtigen Tiere für Schirin und ihren Lebenspartner Sebastian. Der ist nicht nur Landwirt wie sie, sondern auch Blasinstrumentenbauer. Nach dem Motto „Mäh ist das neue Muh“ bringen die beiden frischen Wind in ihren ökologischen Betrieb.

Schirin Oeding

Sie ist in der Weite Kanadas groß geworden – und seither eng verbunden mit dem Wesen der Tiere und dem Kreislauf der Natur.

„In Kanada ist die Landschaft so riesig", erzählt Schirin, „da geht der Mensch fast darin verloren." Geliebt hat sie ihre Kindheit am Ottawa River dennoch – ihre Eltern waren nach Kanada ausgewandert und es gibt Fotos aus Schirins Mädchenzeit, da steht sie in wild blühenden Blumenwiesen oder spielt am Ufer eines Bachs mit Steinen und Holz. Wer so nah an der Erde, den Pflanzen, den Tieren aufwächst, nimmt diese Erfahrung für immer in sich auf: „Mir war früh klar, dass ich eines Tages in die Landwirtschaft gehen möchte", sagt Schirin. Und so studierte sie Ökologie und Agrarwissenschaften erst in den USA, dann in Stuttgart. Und dann kam Sebastian in ihr Leben, der Instrumentenbauer und Landwirt aus dem Landkreis Amberg-Sulzbach. Dazu die Wälder, wild blühenden Wiesen und Weiden rund um den Weiler Stockau in der Oberpfalz. Und der Michlbauerhof, den Sebastian von seinem Vater Hans übernommen hat. Hier lebt Schirin jetzt. So, wie sie es in Kanada lieben gelernt hat: mit der Natur.

„Wir haben noch ganz viele Ideen für die Zukunft unseres Michlbauerhofs."

Etwas Schöneres könnte auch den über 400 Milchziegen und Zicklein des Michlbauerhofs nicht passieren: Schirin und Sebastian betreiben ihre Landwirtschaft als Biobetrieb, die Tiere leben in muttergebundener Aufzucht und können sich austoben, wie es ihrer Wesensart entspricht. Aufgeweckt und gesellig sind die schlanken Paarhufer mit den rehartigen Gesichtszügen und wenn Schirin sie mit einem „Komm, komm, komm!" zum Füttern oder Melken ruft, wuseln sie um sie herum, hüpfen hin und her und lassen sich streicheln. Eine ansteckende Springlebendigkeit liegt dann in der Luft – fast scheint es so, als hätten sich hier zwei Wesenheiten gefunden: „Ziegen sind sehr an den Menschen gebunden", meint Schirin. Sie lieben die Nähe. Und schauen gern neugierig in die Ferne.

Das Naheliegende mit Weitblick verbinden – so packen Schirin und Sebastian auch die Vermarktung ihrer Produkte an. Die Ziegenmilch wird in der nahegelegenen Käserei zu Bio-Frisch- und -Hartkäse veredelt. Mit dem Fleisch der männlichen Zicklein haben sie einen erfolgreichen Direktverkauf aufgebaut. Futtergetreide vom eigenen Hof, dazu die Wildkräuter – das steckt in der Milch und mit der Milch auch im Fleisch und so schätzen die Kunden des Michlbauerhofs den feinen Geschmack nicht nur der größeren Zickleinfleischteile, sondern auch der Innereien. Mit etwas Rotwein und Sahne kreiert Schirin zum Beispiel aus der Leber eine delikate Paté. „Bei uns gibt's nur das ganze Tier", sagen die beiden, während sie das Fleisch für den Verkauf zuschneiden und vakuumieren.

Ziegenfleisch ist mager und vielseitig – perfekt für die kreative Küche, wie Schirin sie schätzt. Weit gereist wie sie ist, probiert sie gern Rezepte aus aller Welt, zum Beispiel aus Mexiko. Schirin stellt das traditionelle mexikanische Ziegenmilchkaramell Cajeta in ihrer Hofküche her. Mit so viel Erfolg, dass sie die Gläser mit der goldfarbenen Spezialität bis nach Berlin liefern kann. Vor einiger Zeit kam ihr ein wilder Bienenschwarm unter. Sie fing ihn ein. Schirin imkert mit verschiedenen Bienenvölkern. Und schwärmt auch in ihren Zukunftsplänen gedanklich aus: Den Hof im Vollerwerb betreiben, das ist das Ziel der beiden. „Dass ich die Schirin gefunden habe – und sie mich", sagt Sebastian, „ist ein Wahnsinnsglück!"

Kräuter-Jellys

mit Gartensalat

Zutaten für 4 Personen

Für die Jellys
1 Päckchen Agartine
1/2 l naturtrüber Apfelsaft
20 rosa Pfefferkörner
1/4 TL gehackter Thymian

Für den Salat
1 Kopfsalat
1 Handvoll Wildkräuter und essbare Blüten (z. B. junger Löwenzahn, Brennnessel, Schafgarbe, junge Himbeerblätter, Giersch, Gänseblümchen, Gundermann, Kleeblüten)
1 Knoblauchzehe
1 Frühlingszwiebel
1 kleine Handvoll gemischte Kräuter (Koriander, Dill, Petersilie, Minze, Estragon, Majoran, Schnittlauch, Basilikum)
1 EL Schalottenwürfel
2 EL Rotweinessig
120 g Naturjoghurt (alternativ Crème fraîche oder Speisequark)
3 EL Olivenöl
1/2 TL Zucker (oder Honig)
1/2 TL Salz
Pfeffer aus der Mühle

1. Für die Jellys die Agartine in einem Topf unter den Apfelsaft rühren, mit den Pfefferkörnern und dem Thymian aufkochen und etwa 2 Minuten kochen lassen. Die Mischung noch heiß in Eiswürfelförmchen oder eine gefrierfeste flache Backform gießen und kühl gestellt abkühlen lassen. Nach dem Erkalten aus der Form drücken oder in Würfel schneiden und später neben dem Salat auf die Teller platzieren.

2. Für den Salat vom Salat die äußeren Blätter entfernen. Den Salat in einzelne Blätter teilen, waschen, trocken schleudern und in mundgerechte Stücke zupfen. Wildkräuter und Blüten verlesen, waschen und trocken schütteln.

3. Den Knoblauch schälen und in feine Würfel schneiden. Die Frühlingszwiebel putzen, waschen und den weißen und hellgrünen Teil in feine Ringe schneiden. Die Kräuter verlesen, waschen, trocken schütteln, Blättchen abzupfen und fein hacken. In einer großen Schüssel Knoblauch, Frühlingszwiebel und Kräuter mit den übrigen Zutaten zu einem Dressing verrühren.

4. Kurz vor dem Servieren Salat, Wildkräuter und essbare Blüten auf Teller verteilen und mit Dressing beträufeln. Jellys dazu anrichten und servieren. Im Kühlschrank aufbewahrt halten sich die Jellys 1 bis 2 Tage.

Mein Tipp:
Die Schalotte schälen und etwa 15 Minuten in Essig einweichen: Das nimmt ihr die Schärfe.

Das Korma lässt sich übrigens auch gut einfrieren!

Zicklein-Korma

auf Safran-Reis

Zutaten für 4 Personen

200 g Ziegenmilchjoghurt
Saft von 2 Zitronen
1 TL Zimtpulver
1/2 TL gemahlener Kardamom
1/2 TL frisch geriebene Muskatnuss
Salz
1,2–1 1/2 kg Zickleinfleisch (aus Schulter, Keule, Bauchlappen, Rücken)
ca. 1 TL Safranfäden
2 Zwiebeln
4 Knoblauchzehen
1 haselnussgroßes Stück Ingwer
4 EL Butter (oder Ghee)
2 EL Raps- oder Sonnenblumenöl
2 EL Zucker
80 g gemahlene Walnüsse
150 g Basmatireis
Pfeffer aus der Mühle
ca. 6 EL gehackte Kräuter (z. B. Koriander, Petersilie, Kerbel)

1. Am Vortag 100 g Joghurt, Zitronensaft, Zimt, Kardamom, Muskatnuss und 1 TL Salz in einer Schüssel verrühren. Das Zickleinfleisch untermischen, bis es gut bedeckt ist, und mindestens 3 Stunden, am besten über Nacht, kühl gestellt ziehen lassen.

2. Am nächsten Tag den Safran in Wasser auflösen (ca. 1 g Safran in 100 ml Wasser). Zwiebeln und Knoblauch schälen und in feine Würfel schneiden. Den Ingwer schälen und fein reiben.

3. Die Butter in einem Topf erhitzen, darin erst die Zwiebeln anbraten, dann Knoblauch und Ingwer hinzufügen und mitbraten. Das Fleisch mit der Marinade sowie das Safranwasser bis auf 2 EL dazugeben und bei mittlerer Hitze 5 Minuten andicken lassen. 1/2 l Wasser, Zucker, Walnüsse und 1 TL Salz unterrühren und das Zicklein-Korma zugedeckt bei schwacher Hitze etwa 1 Stunde köcheln lassen, dabei gelegentlich umrühren. 10 Minuten vor Ende der Garzeit den Deckel abnehmen.

4. Den Reis in einem Sieb gründlich mit kaltem Wasser abspülen. In einem Topf mit der doppelten Menge Wasser, dem restlichen Safranwasser und 1 TL Salz zugedeckt bei schwacher Hitze etwa 20 Minuten garen.

5. Den restlichen Joghurt unterrühren und das Zicklein-Korma nach Belieben mit etwas Zitronensaft, Salz und Pfeffer abschmecken. Mit dem Safranreis auf Tellern anrichten und mit Kräutern garniert servieren.

Mein Tipp

Die Schlagsahne sollte nicht eiskalt ins Karamell kommen, sondern bereits Zimmertemperatur haben. Und salzige Butter sorgt für das gewisse Etwas in diesem Rezept! Übrigens: Kalt wird die Sauce dick. Erwärmen im Wasserbad macht sie wieder flüssig.

Ziegenmilcheis

mit dunkler Ziegenmilch-Karamellsauce

Zutaten für 4 Personen

Für das Ziegenmilcheis
1 Vanilleschote
1/4 l Ziegenmilch (oder Kuh- bzw. Schafmilch)
250 g Sahne
2 EL Vanillezucker
1 Eigelb
3 EL Rohrohrzucker
Salz

Für die Karamellsauce
200 g Zucker
85 g gesalzene Butter
120 g Sahne

1. Am Vorabend die Vanilleschote der Länge nach aufschneiden und das Mark mit einem spitzen Messer herauskratzen. Die Milch in einen Behälter mit Deckel füllen, Vanillemark und -schote dazugeben und die Vanillemilch gut verschlossen über Nacht kühl stellen.

2. Am nächsten Tag die Sahne mit dem Vanillezucker steif schlagen. Die Vanilleschote aus der Vanillemilch entfernen. Die Vanillemilch mit Eigelb, Zucker und 1 Prise Salz aufschlagen und unter die Sahne heben.

3. Die Eismasse in der Eismaschine nach Gebrauchsanweisung etwa 30 Minuten gefrieren lassen. Dann in einer gefrierfesten Form verteilen und im Tiefkühlfach aufbewahren.

4. Für die Karamellsauce den Zucker bei mittlerer Hitze in einem großen Topf (2 bis 3 l Fassungsvermögen) unter ständigem Rühren auflösen, bis er eine schöne dunkle Farbe bekommt. Die Butter auf einmal dazugeben und einrühren.

5. Den Topf vom Herd nehmen und die Sahne mit dem Schneebesen unterrühren. Achtung, das Karamell wird dabei erst mal hochkochen (deshalb der große Topf). Die Sauce glatt rühren und entweder weiterverwenden oder abgekühlt in einem Glas mit Deckel im Kühlschrank aufbewahren.

6. Das Ziegenmilcheis auf Dessertteller verteilen und mit etwas Karamellsauce umträufelt servieren. Die restliche Sauce dazureichen.

Cracker

mit Kräutern

Zutaten für 4 Personen

350 g Weizenvollkornmehl und etwas Mehl für die Arbeitsfläche und zum Arbeiten
4 g Backpulver
3 g Meersalz
100 ml Olivenöl
1 Bund gemischte Kräuter und Blüten (z. B. Brennnessel, Minze, Thymian, Salbei, Rosmarin, Spitzwegerich, Ringelblumen-Blütenblätter, Lavendelblüten, Petersilie)
Meersalzflocken

1. Den Backofen auf 200 °C vorheizen. Mehl, Backpulver und Meersalz in einer großen Schüssel mischen, in die Mitte eine Mulde drücken und 80 ml Olivenöl und 125 ml Wasser hineinfüllen. Alle Zutaten zu einem geschmeidigen Teig verkneten. Die Kräuter und Blüten je nach Sorte verlesen, waschen, trocken schütteln, Blättchen bzw. Nadeln abzupfen und fein hacken.

2. Den Teig in 3 gleich große Portionen teilen. 2 Portionen mit einem Küchentuch bedecken und bis zur Verwendung beiseitestellen. 1 Teigportion auf der leicht bemehlten Arbeitsfläche mit dem Nudelholz etwa 3 mm dünn ausrollen. Ein Drittel der gehackten Kräuter und Blüten auf einer Teighälfte verteilen und vorsichtig festdrücken. Die zweite Teighälfte darüberfalten und mit etwas Mehl bestäuben. Mit dem Nudelholz nochmals vorsichtig über den Teig rollen, bis die Ränder gut zusammenhalten.

3. Den Kräuter-Cracker auf ein mit Backpapier belegtes Backblech legen, mit etwas Olivenöl bepinseln und mit Meersalzflocken bestreuen. Mit den übrigen Teigportionen ebenso verfahren.

4. Die Kräuter-Cracker im Ofen auf der mittleren Schiene etwa 12 Minuten backen, je nach Dicke des Teigs. Die Cracker aus dem Ofen nehmen, auskühlen lassen und in mundgerechte Stücke gebrochen servieren.

Mein Tipp:
Ich verwende für dieses Rezept zur Hälfte frisch gemahlenes Vollkornmehl. Das schmeckt nicht nur besonders aromatisch, sondern ist auch noch sehr wertvoll für die Gesundheit.

Ziegenkäse-Korma

mit rosa Reis

Zutaten für 4 Personen

2 Zwiebeln
4 Knoblauchzehen
1 haselnussgroßes Stück Ingwer
Saft von 1/2 Zitrone
1 TL Zimtpulver
1/4 TL gemahlener Kardamom
frisch geriebene Muskatnuss
1–2 TL Salz
4 EL Raps- oder Sonnenblumenöl
6 Portionen halbfester Ziegenkäse (à 150 g)
3–5 Rote Beten
600 g Basmatireis
ca. 40 g Butter (oder Ghee)
gehackte Kräuter und essbare Blüten zum Garnieren (z. B. Koriander, Petersilie, Kerbel)

1. Am Vortag Zwiebeln und Knoblauch schälen und in feine Würfel schneiden. Den Ingwer schälen und fein reiben. Ingwer, Zitronensaft, Gewürze und Öl verrühren und den Käse mindestens 3 Stunden, am besten über Nacht, in der Mischung marinieren.

2. Zum Servieren die Roten Beten schälen und sehr fein reiben, dabei Einweghandschuhe tragen, da die Knollen stark abfärben. Den Reis in einem Sieb gründlich mit kaltem Wasser abspülen. In einem Topf mit der doppelten Menge Wasser zugedeckt bei schwacher Hitze etwa 20 Minuten garen. Etwa 5 Minuten vor Ende der Garzeit die Rote-Bete-Raspel hinzufügen. Den Reis vom Herd nehmen und mit einer Gabel auflockern.

3. Die Butter in der Pfanne erhitzen. Den Käse vorsichtig aus der Marinade heben und in der Butter bei mittlerer Hitze 10 bis 15 Minuten braten. Dabei die restliche Marinade löffelweise über den Käse gießen, damit eine leichte Kruste entsteht.

4. Den Käse aus der Pfanne nehmen und auf dem rosa Reis anrichten. Mit frischen Kräutern und essbaren Blüten garniert servieren.

In Monikas Säfte oder Brände aus der eigenen Destillerie kommen nur reife Früchte direkt vom Hof. Ob Schlehen, Holunder, alte Birnen- und Apfelsorten, Kirschen, Zwetschgen, Quitten – Familie Bernhard pflückt alles von Hand. Das sonnige Aroma schmeckt man im Glas!

Monika Bernhard

Auf ihrem Streuobsthof veredelt sie eigene Früchte zu feinen Bränden, Säften und Likören.

„Ja, was gibt's denn dieses Jahr Neues?" Das ist so eine Frage, die die Kunden vom Streuobsthof Bernhard umtreibt, seit Monika vor gut zwei Jahren voll eingestiegen ist in den Familienbetrieb. Malerisch liegt er da, der Hof, mitten im Naturpark Nördlicher Oberpfälzer Wald; kaum ein schöneres Umfeld ließe sich finden für die Felder mit Himbeeren und Holunder, Aronia- und Johannisbeeren, für die Streuobstwiesen voller Apfel- und Birnbäume alter Sorten, Quitten, Zwetschgen, Kirschen – all diese auch für Insekten so wichtigen Sträucher und Bäume, die erst wunderschöne Blüten treiben und deren Früchte sich dann einfangen lassen als Geist, Saft oder Edelbrand.

> „Vom Baum in die Flasche – das ist ein Kreislauf, der mich begeistert."

„Mein Himbeergeist dieses Jahr, der schmeckt wahnsinnig intensiv, die Früchte haben richtig viel Sonne bekommen", erzählt Monika. Wenn sie über ihre Arbeit in der hofeigenen Destillerie spricht, über ihre Ideen für neue Kompositionen, das Veredeln der Früchte zu Marmeladen, Aufstrichen, Sirupen oder Destillaten, sprudelt es nur so aus ihr heraus. Die Kunst des Brennens hat sie jung erlernt. Monika ist Fachkraft für Fruchtsafttechnik und Schnapsbrennerin mit Getränkebetriebsmeisterabschluss. Das wurde ihr wohl in die Wiege gelegt. Schon Vater Josef hatte jeden Herbst Saft mit der Presse seines Opas gemacht, aus Äpfeln, Birnen, Quitten. Mit seinen Brüdern tüftelte er immer weiter an der Verarbeitung, damit sich der Saft leichter einkochen ließ, als es bis dato die Bauern in der heimischen Küche taten – in Töpfen auf dem Herd.

Monika hantiert heute geschickt mit der Destillieranlage, die sie traditionell mit Holz beheizt. Eine feine Nase und Fingerspitzengefühl braucht sie, bis nach Stunden des Brennens der sogenannte Mittellauf abgefiltert werden kann – jene aromatischen Tröpfchen, in denen der Charakter der reifen Früchte kondensiert. Als Blutbirnenbrand, Wildkirschwasser oder Holzapfelbrand zieht Monika die edlen Wässer auf Flaschen. Stolz ist die Familie auf die Säfte und Brände alter Streuobstsorten wie die Blutbirne, der Rheinische Bohnapfel, der Boskop oder der Herbstapfel Jakob Fischer. Aber es braucht dann eben doch noch ein bisschen mehr als gute Früchte. Beim Saftmachen und Destillieren kommt es auch auf das Talent zum kreativen Komponieren an – genau die Eigenschaften, die Monika dazu brachten, nach einem ersten Schulpraktikum in einer Kelterei voller Elan den Entschluss zu fassen, in Uropas Fußstapfen zu treten.

Mit Mutter Maria und Vater Josef betreibt sie den Hof im Nebenerwerb und träumt davon, ihn mal im Vollerwerb zu führen. Abwechslungsreich ist die Arbeit in den Streuobstwiesen, alle paar Wochen werden andere Früchte reif, dann steigen Monika, Maria und Josef auf die Leitern, pflücken die Kirschen und Zwetschgen von Hand, schütteln Äpfel und Birnen von den Ästen, dann wird gekeltert, gemostet, viel ausprobiert – fürs Kochen bleibt während des Erntejahrs nicht so viel Zeit. Und trotzdem steht Monika mit ihrer Mutter gern am Herd fürs Mittagessen mit der Familie. Leichte, mediterrane Gerichte mag sie sehr, mit Lebensgefährte Hansi legt sie auch gern ein gutes Stück Fisch oder Fleisch auf den Grill. Am allerliebsten aber wird sie beim Gestalten ihrer eigenen Flaschenetiketten kreativ und beim Komponieren ihrer Edelbrand-Kreationen. Welcher Fruchtgeist wohl nächstes Jahr neu in die Flaschen kommen wird? Darauf dürfen die Kunden des Hofladens gespannt sein.

Ob die Zunge fertig ist, überprüfe ich, indem ich mit einer Nadel oder einem spitzen Messer hineinsteche. Fühlt sich das so weich wie Butter an, ist die Zunge perfekt.

Vegetarische TV-Variante

Die Beilagen bleiben gleich. Statt Zunge 1 geschälte Rote Bete mit 50 g Zucker, 150 ml Weißwein, 200 ml Gemüsebrühe, 1/2 Msp. gem. Kümmel, 2 Pimentkörnern, 2 bis 3 Nelken, 1 TL Salz, 100 ml Apfelsaft und 1 Lorbeerblatt zugedeckt etwa 25 Minuten garen.

Kalbszungen-Carpaccio

mit Meerrettichmousse

Zutaten für 4 Personen

Für die Kalbszunge
1 Kalbszunge (ca. 800 g)
5 Karotten
2 Zwiebeln
4–5 frische Lorbeerblätter
2 Gewürznelken
8 Wacholderbeeren
20 bunte Pfefferkörner
1 TL Salz

Für die Meerrettichmousse
20–25 g frisch geriebener Meerrettich
200 g saure Sahne
1 TL Johannisbrotkernmehl
1 TL Salz
Zucker
80 g Sahne
1 EL Naturjoghurt
Pfeffer aus der Mühle

Für das Dressing
1 Orange
1/2 Granatapfel
4 EL Olivenöl
1 EL Zitronensaft
1 Msp. Paprikapulver (rosenscharf)
Salz
Pfeffer aus der Mühle

Außerdem
4 Scheiben Weißbrot
1 EL Butter
2–3 Stiele Petersilie
ca. 50 g Walnusskerne
1–2 Zweige Minze
1 Handvoll Feldsalat
1 Apfel
Quitten-Senfkaviar

1. Die Zunge kalt abspülen und mit Küchenpapier trocken tupfen. Die Karotten putzen und schälen, die Zwiebeln schälen und beides in grobe Würfel schneiden. Zwiebel- und Karottenwürfel in einem Topf mit den übrigen Zutaten und 4 l Wasser aufkochen. Die Zunge hineingeben und zugedeckt bei mittlerer Hitze 1 1/2 bis 2 Stunden garen. Eventuell nach 1 Stunde Garzeit bis zu 2 l Wasser ergänzen.

2. Eine große Schüssel mit kaltem Wasser füllen. Die Zunge aus dem Sud heben, im kalten Wasser abschrecken, wieder herausnehmen und abtropfen lassen. Die Zunge mit einem Messer enthäuten und am besten über Nacht kühl gestellt abkühlen lassen.

3. Für die Mousse den Meerrettich mit der sauren Sahne, Johannisbrotkernmehl, Salz und 1 Prise Zucker in einem Topf verrühren und aufkochen. Dann vom Herd nehmen und abkühlen lassen. Die Sahne steif schlagen und mit dem Joghurt vorsichtig unter die Meerrettichmasse heben. Mit Salz und Pfeffer würzen und kühl stellen.

4. Für das Dressing die Orange so großzügig schälen, dass auch die weiße Haut mit entfernt wird. Die Filets zwischen den einzelnen Trennhäuten herausschneiden, den austretenden Saft auffangen und den Rest der Orange gut ausdrücken. Die Orangenfilets in kleine Würfel schneiden. Die Granatapfelapfelkerne vorsichtig mit einem Löffel herauslösen, den austretenden Saft auffangen. Orangen- und Granatapfelsaft mit dem Olivenöl verrühren und mit Zitronensaft, Paprikapulver, Salz und Pfeffer würzen. Orangenwürfel und Granatapfelkerne unter das Dressing mischen.

5. Das Brot in kleine Würfel schneiden und in der Butter zu knusprigen Croûtons rösten. Die Petersilie waschen, trocken schütteln, die Blätter abzupfen und fein hacken. Die Walnusskerne je nach Größe vierteln oder halbieren und in einer Pfanne ohne Fett duftend anrösten. Die Minze waschen, trocken tupfen und in feine Streifen schneiden. Den Feldsalat verlesen, waschen und trocken schleudern. Den Apfel waschen, vierteln und entkernen. Die Apfelviertel in 8 Spalten schneiden.

6. Zum Servieren die Zunge in dünne Scheiben schneiden und fächerförmig auf vier Teller legen. Das Orangendressing darauf verteilen und mit dem Feldsalat garnieren. Je 1 Klecks Meerrettichmousse dazu anrichten und mit je 2 Apfelspalten garnieren. Das Kalbszungen-Carpaccio mit Croûtons, Walnüssen, Petersilie und Minze bestreut servieren. Den Quitten-Senfkaviar neben die Meerrettichmousse setzen.

Sind die Rinderrouladen nicht dünn
genug oder zu klein,
klopfe ich sie mit dem Fleischklopfer
in die richtige Form.

Rinderroulade

mit
Brezen-Brennnessel-Knödel

Zutaten für 6 Personen

Für die Rouladen
6 dünne Scheiben Rinderrouladen (à ca. 150 g; aus Ober- oder Unterschale)
6 TL mittelscharfer Senf
Salz
Pfeffer aus der Mühle
edelsüßes Paprikapulver
2 Zwiebeln
230 g geräucherter Speck
250 g Essiggurken
1 große Karotte
1/4 Stangensellerie
1/2 Stange Lauch
2–3 EL Öl
350 ml trockener Rotwein
5 Wacholderbeeren
6 Pfefferkörner
3 Pimentkörner
1 getr. Lorbeerblatt
120 ml grüner Walnusslikör (oder Glühwein)
1 TL Speisestärke
1 EL Sahne

Für die Brezenknödel
2 Schalotten
400 ml Milch
100 g Butter (oder Margarine)
1 Handvoll Brennnesselblätter
1/2 Bund Petersilie
11 altbackene Laugenbrezen (ohne Salz)
6 Eier
Salz
Pfeffer aus der Mühle
frisch geriebene Muskatnuss

1. Für die Rouladen die Fleischscheiben trocken tupfen, jeweils mit 1 TL Senf bestreichen und mit Salz, Pfeffer und Paprikapulver würzen. Die Zwiebeln schälen und eine davon mit dem Speck und den Essiggurken in feine Würfel schneiden. Die Füllung gleichmäßig auf den Fleischscheiben verteilen, von der schmalen Seite her möglichst eng aufrollen und mit Küchengarn umwickeln oder mit einem Holzstäbchen bzw. Rouladennadeln fixieren. Die aufgerollten Rouladen rundum mit Salz, Pfeffer und Paprikapulver würzen.

2. Karotte, Sellerie und Lauch putzen, schälen und mit der restlichen Zwiebel in grobe Würfel schneiden. Das Öl in einem weiten Topf erhitzen und die Rinderrouladen darin rundum 10 Minuten kräftig anbraten. Mit dem Wein ablöschen und so viel Wasser dazugießen, dass die Rouladen bedeckt sind. Die Gemüsewürfel und die Gewürze hinzufügen und die Rouladen zugedeckt bei mittlerer Hitze 2 1/2 bis 3 Stunden schmoren.

3. Etwa 1 Stunde vor Ende der Garzeit für die Knödel die Schalotten schälen und in feine Würfel schneiden. Die Milch mit den Schalottenwürfeln und der Butter aufkochen. Die Brennnesselblätter verlesen, mit heißem Wasser übergießen, abtropfen lassen und fein hacken. Die Petersilie waschen, trocken schütteln, die Blätter abzupfen und fein hacken.

4. Die Brezen in kleine Würfel schneiden und in einer großen Schüssel mit der heißen Milch übergießen. Eier, Brennnesseln und Petersilie unterrühren und mit Salz, Pfeffer und Muskatnuss würzen. Die Mischung gut durchkneten und 20 Minuten ziehen lassen. In einem großen Topf reichlich Salzwasser erhitzen. Den Teig mit angefeuchteten Händen zu kleinen Knödeln formen und diese im siedenden Wasser 15 Minuten garen. Mit dem Schaumlöffel herausheben und bis zum Servieren warm halten. Alternativ die Knödel im Dampfgargerät bei 100 °C auf einem gut gebutterten Lochblech 15 Minuten garen.

5. Am Ende der Garzeit die Rinderrouladen aus dem Bratenfond nehmen und warm halten. Den Fond durch ein Sieb in einen zweiten Topf abgießen und den Walnusslikör dazugeben. Die Stärke mit 4 EL kaltem Wasser glatt rühren, unter die Sauce mischen und alles aufkochen lassen. Die Sahne hinzufügen und die Sauce mit Salz und Pfeffer würzen. Zum Servieren je 1 Roulade auf Tellern anrichten, die Brezenknödel dazulegen und mit der Sauce beträufeln.

Das Karamell nicht zu dunkel werden lassen: Es schmeckt dann schnell bitter.

Holunderblüten-Pannacotta

und gefrostete Cashew-Lavendel-Heidelbeer-Nocken

Zutaten für 4 Personen

Für die Pannacotta
4 Blatt weiße Gelatine (oder Johannisbrotkernmehl)
400 ml Sahne
12 EL Holunderblütensirup
2 TL getr. Holunderblüten
1 Päckchen Vanillezucker
einige Minzeblätter zum Garnieren

Für die Nocken
120 g Cashewkerne
1 EL getr. Lavendelblüten
200 ml Mandelmilch
50 g Waldhonig
Salz
300 g TK-Heidelbeeren

Für die Apfelmostsauce
150 g Schmand
100 g Zucker
ausgekratztes Mark von 1 Vanilleschote
1 Msp. gemahlene Tonkabohne
80–100 ml Apfelmost

Für die Karamellschalen
100 g Zucker

1. Für die Pannacotta die Gelatine in kaltem Wasser einweichen. Die Sahne in einem Topf zum Kochen bringen, unter Rühren vom Herd nehmen und Holunderblütensirup, getrocknete Holunderblüten und den Vanillezucker einrühren. Die eingeweichte Gelatine gut ausdrücken und unterrühren. Die Pannacotta in Dessertgläser füllen und am besten über Nacht kühl stellen.

2. Für die Nocken die Cashewkerne in einer Schüssel mit Wasser bedecken und 2 Stunden einweichen.

3. Die Lavendelblüten in einem Topf mit wenig Wasser verrühren und 30 Minuten ziehen lassen. Dann mit Mandelmilch, Honig und 1 Prise Salz verrühren und aufkochen lassen. Vom Herd nehmen und abkühlen lassen.

4. Die Cashewkerne in ein Küchensieb abgießen und mit den Heidelbeeren und der Lavendelmilch so lange pürieren, bis eine cremige Masse entstanden ist. Die Mousse in einer gefrierfesten Form glatt verstreichen und 2 1/2 Stunden im Tiefkühlfach gefrieren lassen.

5. Für die Sauce Schmand und Zucker verrühren. Vanillemark, Tonkabohne und so viel Apfelmost hinzufügen, bis eine cremige Sauce entstanden ist.

6. Für die Karamellschalen aus einem Bogen Backpapier ein etwa 15 x 10 cm großes Stück zuschneiden. Einen zweiten Bogen Backpapier bereitlegen. Den Zuschnitt um ein Nudelholz legen und an den Enden mit zwei Gummibändern befestigen. Den Zucker mit 2 EL Wasser in einem Topf erhitzen und karamellisieren lassen. Das flüssige Karamell mit einem Löffel in Fäden auf das Backpapier tropfen lassen, sodass eine Zuckerschale entsteht. Das Schälchen fest werden lassen, vorsichtig vom Backpapier lösen und auf dem zweiten Bogen auskühlen lassen. Übriges Karamell erneut erwärmen und auf diese Weise 3 weitere Schälchen herstellen.

7. Zum Servieren die Panacotta auf Teller stürzen, mit 1 Minzeblatt garnieren und mit der Apfelmostsauce umgießen. Von der Cashew-Heidelbeer-Lavendel-Masse kleine Nocken abstechen, jeweils 1 Nocke in 1 Karamellschälchen setzen und daneben anrichten. Die Nocken mit Cashewkernen und Lavendelblüten garnieren.

Couscous-Rouladen

mit Quarkdip

Zutaten für 4 Personen

Für die Rouladen
4 große Wirsingblätter
Salz
200 g Couscous
370 ml Gemüsebrühe
2 Karotten
1 Schalotte
2 EL Butter
2 EL Mandelblättchen
2 EL gehackte Petersilie
2 Eier
2 EL geriebener Parmesan
Pfeffer aus der Mühle
2–3 EL Öl

Für den Dip
1 Handvoll gemischte Kräuter (Petersilie, Schnittlauch, Dill, Rosmarin)
250 g Speisequark (20 % Fett i. Tr.)
100 g Naturjoghurt
Salz, Pfeffer aus der Mühle
etwas Zitronensaft

Für die Mandelbutter
100 g Butter
50 g Mandelblättchen

1. Für die Rouladen die Wirsingblätter waschen und in kochendem Salzwasser 2 Minuten blanchieren. Die Blätter mit dem Schaumlöffel vorsichtig herausheben, kalt abschrecken und auf einem Küchentuch abtropfen lassen. Falls nötig, dicke Blattrippen einschneiden.

2. Den Couscous in einer Schüssel mit 200 ml heißer Gemüsebrühe übergießen und etwa 10 Minuten ziehen lassen. Dann mit einer Gabel auflockern. Die Karotten putzen und schälen, die Schalotte schälen und beides in feine Würfel schneiden. Die Butter in einer Pfanne erhitzen und darin Karotten- und Schalottenwürfel andünsten. Die Mandelblättchen hinzufügen und mitrösten.

3. Den Couscous mit der Gemüse-Mandel-Mischung, Petersilie, Eiern und Parmesan verrühren und mit Salz und Pfeffer abschmecken. Die Wirsingblätter flach ausbreiten und die Füllung jeweils mittig darauf verteilen. Die Seiten über die Füllung klappen und die Blätter zu Rouladen aufrollen. Falls nötig, mit einem Zahnstocher fixieren. Das Öl in einer Pfanne erhitzen und die Rouladen darin rundum anbraten. So viel von der restlichen Gemüsebrühe angießen, dass die Rouladen bis zur Hälfte in der Brühe liegen, und die Rouladen zugedeckt etwa 15 Minuten garen.

4. Für den Quarkdip die Kräuter verlesen, waschen, trocken schütteln, je nach Sorte die Blättchen bzw. Nadeln abzupfen und fein hacken. Die Kräuter mit Quark und Joghurt verrühren und den Dip mit Salz, Pfeffer und Zitronensaft abschmecken.

5. Für die Mandelbutter die Butter in der Pfanne zerlassen und leicht anbräunen. Die Mandelblättchen unterrühren und kurz mitrösten. Die Rouladen zum Servieren auf Teller verteilen und mit etwas Mandelbutter beträufeln. Den Quarkdip dazu reichen.

Punschtorte

mit Mandarin-Orangen

Zutaten für 12 Stück

Für den Mürbeteig
150 g Mehl · 50 g Zucker
1 Päckchen Vanillezucker
100 g Butter
1–2 EL Holunderbeersaft

Für den Biskuit
4 Eier · 150 g Zucker
1 Päckchen Vanillezucker
120 g Mehl · 1 EL Speisestärke
Zimtpulver
1/2 Päckchen Backpulver
1/2 TL Kakaopulver

Für die Creme
400 g Sahne
18 Blatt weiße Gelatine
400 g Naturjoghurt
250 g Speisequark (40 % Fett i. Tr.)
300 ml Apfel-Holunderbeersaft
50–100 ml trockener Rotwein
1 TL Vanillezucker
je 1 Prise gemahlene Nelken, Zimtpulver und frisch gemahlene Muskatnuss
2–3 Tropfen Bittermandelöl (oder gemahlene Tonkabohne)
1 Schuss Rum (54 % Vol.)

Außerdem
Butter und Mehl für die Form
2 Dosen Mandarin-Orangen (à 175 g Abtropfgewicht)
3 EL Holunderbeer-Rotwein-Gelee
1 Päckchen Tortenguss
1/4 l Apfel-Johannisbeersaft
2 Päckchen Vanillezucker
2 Blatt weiße Gelatine
200 g Sahne
1–2 EL Holunderbeersaft

1. Für den Mürbeteig alle Zutaten verkneten und in Frischhaltefolie gewickelt 30 Minuten kühl stellen. Den Backofen auf 150 °C Umluft vorheizen. Eine Backform (24 cm Durchmesser) einfetten und leicht mit Mehl bestäuben. Den Mürbeteig in die Form drücken, mehrmals mit einer Gabel einstechen und im Ofen auf der mittleren Schiene 10 Minuten goldbraun backen. Dann herausnehmen und abkühlen lassen. Den Backofen eingeschaltet lassen.

2. Inzwischen für den Biskuit zwei Backformen (à 24 cm Durchmesser) mit Backpapier auslegen. Die Eier schaumig schlagen, dabei 4 EL heißes Wasser unterrühren und Zucker und Vanillezucker einrieseln lassen. Das Mehl mit der Stärke, 1 Prise Zimt- und dem Backpulver mischen und vorsichtig unter den Teig heben. Den Teig halbieren und unter eine Hälfte das Kakaopulver rühren. Beide Teige separat in den Backformen verstreichen und im Ofen 20 bis 25 Minuten backen. Herausnehmen und abkühlen lassen.

3. Für die Creme die Sahne steif schlagen. Die Gelatine in kaltem Wasser einweichen. Die übrigen Zutaten verrühren und die geschlagene Sahne vorsichtig unterheben. Die Gelatine in einem Topf erwärmen und flüssig werden lassen. Sobald sie sich aufgelöst hat, vom Herd nehmen und die Creme unterrühren.

4. 1 Dose Mandarin-Orangen in ein Küchensieb abgießen und abtropfen lassen. Den Mürbeteig mit dem Holunder-Rotwein-Gelee bestreichen. Den Schokoladenbiskuit darauflegen, mit den Mandarinen belegen und mit der Hälfte der Creme bestreichen. Mit dem hellen Biskuitboden bedecken, mit der restlichen Creme bestreichen und die Torte 2 Stunden kühl stellen.

5. Für den Guss den Tortenguss nach Packungsanweisung mit dem Apfel-Johannisbeersaft und 1 Päckchen Vanillezucker zubereiten, die gut durchgekühlte Torte damit überziehen und wieder kühl stellen.

6. Zum Servieren die restlichen 2 Blatt Gelatine in kaltem Wasser einweichen. Die Sahne mit dem restlichen Vanillezucker steif schlagen und den Holunderbeersaft vorsichtig unterrühren. Die Gelatine gut ausdrücken und unter die Sahne rühren, bis sie andickt. Die Holundersahne in einen Spritzbeutel mit Lochtülle füllen und rundum in Tupfen auf die Punschtorte spritzen. Die übrige Dose Mandarin-Orangen abgießen und abtropfen lassen, die Torte mit den Filets verzieren und nach Belieben mit Zimtpulver bestreut servieren.

Niederbayern

Was haben die Reitpferde und Milchkühe auf dem Scheja-Hof und die Hofbäckerei der wohl ältesten Bauernfamilie Bayerns gemeinsam? Sie stehen für eine naturnahe und artgerechte Landwirtschaft, wie sie Mathilde Falter-Weiderer und Eva Gottschaller auf ihren Biohöfen in Niederbayern vertreten.

Mathilde stammt aus einer Brauereifamilie und führt heute mit ihrem Mann Martin in fünfter Generation den traditionsreichen Scheja-Hof im Bayerischen Wald. Ihre ganze Liebe gehört ihren beiden Buben, ihrer Familie, der hofeigenen Biomilchviehherde – und ihren Reitpferden.

Mathilde Falter-Weiderer

Sie träumte von einem Leben mit Pferden. Und fand auf dem Scheja-Hof im Bayerischen Wald ihre Bestimmung.

Fremdsprachenkorrespondentin war Mathildes erster Beruf. Doch als erste fremde Sprache lernte sie die der Pferde. „Ich glaube, ich war zwei Jahre alt, als ich das erste Mal auf einem Pferd saß“, erinnert sie sich. Mathilde stammt aus einer Brauerfamilie, nicht weit weg vom Ort Lindberg, wo sie heute lebt. Ihr Vater, nein, die ganze Familie hatte immer schon eine Liebe zu Pferden. Und so wusste Mathilde früh, dass eine Zukunft ohne die scheuen, schönen Tiere für sie nicht vorstellbar wäre. Und wie es eben so kommt im Leben: Gerade, als sie überhaupt nicht auf der Suche war, lernte sie Martin kennen. Den Hofnachfolger auf dem Scheja-Hof, der auch schon früh im Leben wusste, was ihn am glücklichsten machen würde: ein Leben als Landwirt, mit Kühen, Wald und Weiden.

„Ich glaube, dass Mathilde und ich zusammengekommen sind, war so etwas wie Vorsehung“, sagt Martin. Die beiden haben inzwischen zwei Buben, Louis und Max. Doch sie verbindet noch mehr: Beide sind Naturmenschen, beide lieben Tiere und beide kennen das Geheimnis, wie man einen vielseitig aufgestellten Hof und eine große Familie unter einen Hut bringt: Jeder hat seinen Arbeitsbereich, jeder macht das, wo er die meiste Freude daran hat – und das mit vollem Einsatz. 30 Hektar Wald gehören zum Scheja-Hof, den Martin von seinem Onkel übernommen hat. Dazu drei Weiden, eine Fleckviehherde mit Bio-Milchkühen und Kälbern, Wachteln, Hühnern, Katzen – und Mathildes drei eigenen Pferden sowie sieben Pensionspferden.

Ihr erster Gang am Morgen, wenn die Familie gefrühstückt hat, führt Mathilde zum großen, luftigen Stall mit den Paddockboxen, von denen aus jedes Pferd direkt auf die Koppel geführt werden kann. Mathilde kümmert sich um die Einstellpferde mit genauso viel Liebe und Hingabe wie um ihre eigenen. Daneben gibt sie Reitunterricht, versorgt das Haus und den Garten. Und auch wenn Martin für die Kühe zuständig ist, für die Waldarbeit, das Melken am Morgen und die Bewirtschaftung der Felder für das hofeigene Grünfutter, unterstützt ihn Mathilde, wo es geht. „Ich bin nicht mit Kühen aufgewachsen“, erzählt sie. „Aber ich hatte schnell Freude daran, mir den Umgang mit ihnen anzueignen.“

> „Für unsere Kühe ist das Leben auf der Weide ein Paradies.“

2008 stellten Martin und Mathilde auf Bio-Milchviehbetrieb um. Schon seit 1679 gibt es den Scheja-Hof, die dazugehörenden Weiden liegen quasi vor der Stalltür. Die Tiere haben den ganzen Tag Bewegung. Das sorgt nicht nur für gehaltvolle Milch, sondern auch für fein marmoriertes, gesundes Fleisch, das Mathilde als leidenschaftliche Köchin liebend gerne zum Kochen verwendet – nicht nur die edleren Teile, sondern auch so vielfach unterschätzte Stücke wie beispielsweise eine Rinderwade, die sich hervorragend für saftiges Gulasch eignet.

365 Tage im Jahr steht Martin um viertel nach vier Uhr morgens auf und lässt die Kühe nach dem Melken ins Freie. Lindberg liegt im Landkreis Regen im Bayerischen Wald, in einer der schönsten Ferienregionen Bayerns. Doch Freizeit ist bei Mathilde und Martin nicht groß angesagt. Wenn sie mal eine Verschnaufpause brauchen, hocken sie sich gerne auf eine Bank, die Martin für Mathilde gezimmert hat, schauen den Kühen und den Pferden zu und lassen den Blick über die weitläufige Landschaft schweifen. Reden müssen sie dabei nicht unbedingt – manche Sprachen versteht man auch ohne Übersetzung.

Vom würzigen Rucola bis zum herben Radicchio: Mit verschiedenen Salatsorten lässt sich der Gartensalat immer wieder neu kombinieren.

Gartensalat

mit Himbeer-Frischkäse-Nocken auf Baguette

Zutaten für 4 Personen

Für das Baguette
250 g Mehl
1/2 TL Salz
10 g Olivenöl
10 g frische Hefe
Mehl für die Arbeitsfläche

Für die Himbeer-Frischkäse-Nocken
ca. 150 g Himbeeren
150 g Frischkäse
abgeriebene Schale von je 1 Bio-Zitrone und 1 Bio-Orange
2 Minzeblätter

Für den Gartensalat
ca. 200 g gemischte Blattsalate (z. B. Lollo rosso, Kopfsalat, Rucola)
1 Salatgurke
1 rote Paprikaschote
6 Radieschen
10 Cocktailtomaten

Für das Dressing
80 ml Himbeeressig
10 g Honig
5 EL Olivenöl
Salz, Pfeffer aus der Mühle

1. Für das Baguette Mehl, Salz und Olivenöl in einer Schüssel mischen. Die Hefe zerbrökeln und hinzufügen. 160 ml warmes Wasser dazugießen und alles zu einem festen Teig verkneten. Zugedeckt bei Zimmertemperatur 1 bis 2 Stunden gehen lassen, bis der Teig sein Volumen in etwa verdoppelt hat.

2. Den Teig auf der bemehlten Arbeitsfläche nochmals mit der Hand durchkneten und zu einem langen Strang formen. Diesen auf ein mit Backpapier belegtes Backblech legen und 15 Minuten ruhen lassen. Den Backofen auf 220 °C vorheizen.

3. Den Teig mit etwas kaltem Wasser besprenkeln und im Ofen auf der mittleren Schiene etwa 35 Minuten backen.

4. Inzwischen für die Himbeer-Frischkäse-Nocken die Himbeeren verlesen, waschen, trocken tupfen und mit dem Stabmixer pürieren. Das Püree anschließend durch ein feines Sieb streichen, um die Kerne zu entfernen, 2 EL für das Dressing beiseitestellen. Den Frischkäse mit dem Himbeerpüree zu einer festen Masse verrühren und mit den Zitrusschalen abschmecken. Die Minzeblätter waschen, trocken tupfen, fein hacken und unterheben.

5. Für den Gartensalat die Salatblätter waschen, trocken schleudern und in mundgerechte Stücke zupfen. Die Gurke waschen, schälen und in feine Scheiben schneiden oder hobeln. Die Paprikaschote halbieren, entkernen, waschen und in dünne Streifen schneiden. Die Radieschen putzen, waschen und klein schneiden. Die Cocktailtomaten waschen und halbieren. Alle Zutaten mischen und auf vier Teller verteilen. Für das Dressing alle Zutaten mit dem beiseitegestellten Himbeerpüree verrühren und den Salat damit beträufeln.

6. Das Baguette aus dem Ofen nehmen und in 8 Scheiben schneiden. Von der Frischkäsemasse mit zwei angefeuchteten Teelöffeln 8 kleine Nocken abstechen, auf den Baguettescheiben verteilen und mit dem Gartensalat servieren.

Mein Tipp

Falls das Gulasch am Ende der Garzeit noch zu flüssig sein sollte, verrühren Sie einfach 2 EL Mehl mit 150 ml kaltem Wasser. Die Mehlschwitze unter das Gulasch rühren und nochmals aufkochen lassen. Die enthaltene Stärke sorgt für eine sämige Konsistenz.

Rinder-Biergulasch

aus der Wade
mit Kräuterspätzle und buntem Gemüse

Zutaten für 4 Personen

Für die Rinderbrühe
1 Zwiebel
1 mittelgroßes Stück Knollensellerie
2 Karotten
1 Stange Lauch
1/2 Bund Petersilie
2–3 Stücke Ochsenschwanz
1 Beinscheibe vom Rind
2–3 getr. Lorbeerblätter
Salz, Pfeffer aus der Mühle

Für das Rinder-Biergulasch
1 große Zwiebel
1 kg Rindfleisch (aus der Wade)
1 EL Butterschmalz
1 geh. TL Tomatenmark
ca. 1 1/2 l Rinderbrühe
1/4–1/2 l helles Bier
Salz, Pfeffer aus der Mühle
1 TL getr. Majoran
1/2 TL gemahlener Kümmel
1/2 TL Paprikapulver (edelsüß)
1 Msp. abgeriebene Bio-Zitronenschale
1/4 TL Chiliflocken

Für die Kräuterspätzle
750 g Mehl
7 Eier · Salz
frisch geriebene Muskatnuss
6 EL gehackte Kräuter (z. B. Petersilie, Schnittlauch)
1/2 EL Butterschmalz

Für das bunte Gemüse
1 Kohlrabi
2 Karotten
1 Zucchino
Salz · 1 TL Butterschmalz

1. Für die Rinderbrühe die Zwiebel schälen, Knollensellerie und Karotten putzen, schälen und alles in grobe Würfel schneiden. Den Lauch putzen, waschen und den weißen und hellgrünen Teil in Ringe schneiden. Die Petersilie waschen, trocken schütteln, die Blättchen abzupfen und klein schneiden. Das Fleisch waschen, mit dem vorbereiteten Gemüse, der Petersilie und dem Lorbeer in einen großen Topf geben und mit Wasser bedecken. Zum Kochen bringen und zugedeckt bei schwacher Hitze mindestens 3 bis 4 Stunden köcheln lassen. Dann vom Herd nehmen, die Brühe abgießen und mit Salz und Pfeffer abschmecken.

2. Für das Gulasch die Zwiebel schälen und in kleine Würfel schneiden. Das Fleisch in etwa 1 cm große Würfel schneiden und in einem Topf im heißen Butterschmalz rundum anbraten. Zwiebelwürfel und Tomatenmark hinzufügen, kurz mitbraten und mit etwas Rinderbrühe ablöschen. Sobald die Flüssigkeit verkocht ist, so viel Brühe und Bier dazugießen, bis das Fleisch mit Flüssigkeit bedeckt ist. Das Gulasch zugedeckt bei schwacher Hitze etwa 1 1/2 Stunden köcheln lassen, dabei immer wieder mit Brühe auffüllen. Dann vom Herd nehmen und mit Salz, Pfeffer, Majoran, Kümmel und Paprikapulver abschmecken. Kurz vor dem Servieren die Zitronenschale unterrühren und das Gulasch mit Chiliflocken bestreuen.

3. Für die Kräuterspätzle Mehl, Eier, 1 1/2 TL Salz und 1 Prise Muskatnuss in einer Schüssel nach und nach mit 300 ml kaltem Wasser mischen. Die Kräuter mit einem Holzlöffel unterheben und so lange verrühren, bis ein zäher Teig entstanden ist.

4. Reichlich Salzwasser in einem großen Topf erhitzen, den Teig portionsweise mithilfe eines Spätzlehobels hineingeben und 2 bis 3 Minuten garen lassen. Die Spätzle sind fertig, sobald sie an die Wasseroberfläche gestiegen sind. Die Spätzle mit dem Schaumlöffel herausheben, in kaltem Wasser abschrecken und abtropfen lassen. Kurz vor dem Servieren in einer Pfanne im Butterschmalz warm schwenken.

5. Für das bunte Gemüse alle Gemüse putzen, Kohlrabi und Karotten schälen und alles separat in dünne Stifte schneiden. Reichlich Salzwasser erhitzen und darin zuerst die Karotten 3 Minuten blanchieren, dann den Kohlrabi für 2 weitere Minuten dazugeben und zum Schluss die Zucchini hinzufügen. Nach 8 bis 10 Minuten Garzeit das Gemüse in ein Küchensieb abgießen und abtropfen lassen. Kurz vor dem Servieren in einer Pfanne im Butterschmalz warm schwenken. Das Gulasch auf Teller verteilen. Die Kräuterspätzle und das bunte Gemüse dazu reichen.

Mein Tipp

Für selbst gemachten Vanillezucker 1 Vanilleschote mit 200 g Zucker in ein Schraubglas füllen und 2 bis 3 Tage ziehen lassen. Die Mischung in einem Gerät mit Hochleistungsmahlwerk pulverisieren. Den fertigen Vanillezucker gut verschlossen aufbewahren.

Apfelkücherl

mit Vanilleeis-Pralinen

Zutaten für 4 Personen

Für die Vanilleeis-Pralinen
4 Eier
150 g Puderzucker
1 TL Vanillezucker (selbst gemacht; siehe Tipp)
500 g Sahne
4 EL Haselnusskrokant
4 EL gehackte Haselnüsse

Für die Apfelkücherl
4 säuerliche Äpfel (z. B. Boskop, Braeburn)
3 Eier
200 g Mehl
200 ml Milch
Salz
1 TL Zimtpulver
100 g Zucker
400 g Butterschmalz

Außerdem
frische Beeren der Saison zum Garnieren

1. Für die Vanilleeis-Pralinen die Eier trennen und die Eigelbe mit dem Puderzucker und dem Vanillezucker verrühren. Die Eiweiße und die Sahne zu steifem Schnee schlagen, beides vorsichtig unter die Eigelbmasse heben. Die Eismasse portionsweise in Eiswürfelbehälter oder gefrierfeste Förmchen füllen und im Tiefkühlfach 5 bis 6 Stunden gefrieren lassen. Je nach Größe der Förmchen die Eismasse nach 1 Stunde Gefrierzeit nochmals durchrühren, um zu verhindern, dass sich große Eiskristalle bilden.

2. Kurz vor dem Servieren den Haselnusskrokant und die gehackten Haselnüsse in einer flachen Schüssel oder einem tiefen Teller mischen. Die Vanilleeis-Pralinen aus dem Tiefkühlfach nehmen und in der Nussmischung wälzen.

3. Für die Apfelkücherl die Äpfel schälen und die Kerngehäuse mit einem Apfelausstecher entfernen. Das Fruchtfleisch in etwa 1 cm dicke Scheiben schneiden. Die Eier trennen. Die Eigelbe mit Mehl, Milch und 1 Prise Salz zu einem zähflüssigen Teig verrühren. Die Eiweiße zu steifem Schnee schlagen. In einer flachen Schüssel oder einem tiefen Teller Zimtpulver und Zucker vermischen.

4. Das Butterschmalz in einer Pfanne mit hohem Rand erhitzen. Es ist heiß genug, wenn sich an einem hineingehaltenen Holzlöffelstiel Blasen bilden. Den Teig nochmals kräftig umrühren, dann den Eischnee vorsichtig unterheben. Die Apfelscheiben durch den Teig ziehen, sofort ins heiße Butterschmalz legen und ausbacken, dabei einmal wenden. Die Apfelkücherl herausnehmen und noch heiß in Zimt und Zucker wenden. Sofort mit Vanilleeis-Pralinen und mit den Beeren garniert servieren.

Entrecôte mit Rotweinsauce

und Kartoffelgratin

Zutaten für 4 Personen

Für das Entrecôte
ca. 1 kg Entrecôte (alternativ Rinderlende oder Roastbeef)
Salz
Pfeffer aus der Mühle
Öl zum Anbraten
2 EL mittelscharfer Senf

Für die Sauce
1 große Schalotte
1 EL Öl
1 TL Zucker
1/4 l trockener Rotwein (oder Portwein)
100 g kalte Butter
Salz, Pfeffer aus der Mühle
1 EL Aceto balsamico

Für das Kartoffelgratin
Butter für die Form
1 kg vorwiegend festkochende Kartoffeln
200 g Sahne
200 ml Milch
Salz
Pfeffer aus der Mühle
frisch geriebene Muskatnuss
150 g geriebener Käse (z. B. Emmentaler oder Bergkäse)

1. Für das Entrecôte den Backofen auf 180 °C vorheizen. Das Entrecôte auf jeder Seite mit Salz und Pfeffer würzen. Etwas Öl in einer Pfanne erhitzen und das Fleisch darin von beiden Seiten kurz anbraten. Das Fleisch wieder herausnehmen, rundum mit dem Senf bestreichen und entweder in einer ofenfesten Form oder auf dem Gitterrost im Ofen auf der mittleren Schiene je nach Dicke etwa 25 Minuten rosa garen. Das Entrecôte ist fertig, wenn seine Kerntemperatur 56 bis 58 °C beträgt.

2. Für die Sauce die Schalotte schälen, in feine Würfel schneiden und im heißen Öl andünsten. Den Zucker darüberstreuen und die Schalottenwürfel leicht karamellisieren. Den Rotwein angießen und die Flüssigkeit bei mittlerer Hitze auf ein Drittel reduzieren lassen. Die Butter in Würfel schneiden und unter die Sauce rühren. Mit Salz, Pfeffer und Essig abschmecken. Nach Belieben 1 EL Fleischsaft unterrühren, das gibt einen kräftigen Geschmack.

3. Für das Kartoffelgratin eine ofenfeste Auflaufform mit Butter einfetten. Die Kartoffeln schälen, waschen und in dünne Scheiben schneiden oder hobeln. Sahne und Milch in einem großen Topf zum Kochen bringen und die Kartoffelscheiben hineingeben. Mit Salz, Pfeffer und 1 Prise Muskatnuss würzen und die Kartoffeln bei mittlerer Hitze etwa 15 Minuten weich kochen. Den Backofen auf 180 °C vorheizen.

4. Die Sahne-Kartoffel-Mischung gleichmäßig in der Auflaufform verteilen und mit dem geriebenen Käse bestreuen. Das Kartoffelgratin im Ofen auf der mittleren Schiene etwa 15 Minuten goldbraun überbacken.

5. Das Fleisch am Ende der Garzeit aus dem Ofen nehmen und in Alufolie gewickelt 10 Minuten ruhen lassen. Dann gegen den Faserlauf in Scheiben schneiden und mit dem Kartoffelgratin und der Rotweinsauce servieren.

Mein Tipp:
Um ohne Thermometer festzustellen, ob das Fleisch auf den Punkt gegart ist, drückt man es am besten zusammen: Fühlt es sich elastisch an und entweicht rosafarbener Fleischsaft, ist innen etwa der Garzustand medium erreicht. Wer will, kann bei der Zubereitung der Rotweinsauce die Schalotten abseien.

Rohrnudeln

mit
Apfelfüllung und Vanillesauce

Zutaten für 4 bis 6 Personen

Für die Rohrnudeln
125 ml Milch
400 Mehl
50 g Zucker
1/2 Würfel Hefe (21 g)
70 g Butter
1 Ei
2 Eigelb
1/4 TL Salz
abgeriebene Schale von 1/2 Bio-Zitrone

Für die Füllung
350 g Äpfel (z. B. Braeburn)
2 EL Zitronensaft
2 EL Zimtzucker

Für die Vanillesauce
1/4 l Milch
250 g Sahne
1 Vanilleschote
ca. 4 EL Zucker
4 Eigelb

Außerdem
Butter zum Einfetten
Mehl für die Arbeitsfläche
zerlassene Butter zum Bestreichen

1. Für die Rohrnudeln die Milch lauwarm erhitzen. Mehl und Zucker in einer Rührschüssel mischen. Die Hefe zerbröckeln und mit 100 ml lauwarmer Milch unter die Mehlmischung rühren. Den Vorteig zugedeckt an einem warmen Ort 15 Minuten gehen lassen.

2. Die Butter in der restlichen Milch zerlassen und zusammen mit den restlichen Zutaten zum Vorteig geben. Mit den Knethaken der Küchenmaschine zu einem elastischen Teig verarbeiten. Den Hefeteig zugedeckt an einem warmen Ort nochmals 1 Stunde gehen lassen, bis sich sein Volumen in etwa verdoppelt hat.

3. Inzwischen eine rechteckige Auflaufform mit Butter einfetten. Für die Füllung Äpfel schälen und vierteln, dabei die Kerngehäuse entfernen. Die Apfelviertel in kleine Stücke schneiden und sofort in einer Schüssel mit Zitronensaft und Zimtzucker mischen.

4. Den Teig auf der leicht bemehlten Arbeitsfläche nochmals mit der Hand durchkneten, zu einer Rolle formen und 9 gleich große Stücke abschneiden. Die Teigportionen zu runden Fladen (etwa 12 cm Durchmesser) formen, dabei die Ränder etwas flach drücken.

5. Die Apfelfüllung jeweils mittig auf den Teigfladen verteilen. Die Teigränder zur Mitte hin über die Füllung ziehen und die Ränder sorgfältig zusammendrücken.

6. Die gefüllten Teigkugeln mit der Öffnung nach unten in die Form legen und kurz ruhen lassen. Dann mit etwas zerlassener Butter bestreichen, in den kalten Backofen schieben und bei 180 °C auf der mittleren Schiene etwa 40 Minuten goldbraun backen.

7. Für die Vanillesauce Milch und Sahne in einem Topf erhitzen. Die Vanilleschote längs aufschneiden. Den Zucker unterrühren, die Vanilleschote dazugeben und die Mischung aufkochen lassen. Die Vanillemilch bei schwacher Hitze 10 Minuten ziehen lassen. Dann die Vanilleschote wieder entfernen, das Mark herauskratzen und unterrühren.

8. Die Eigelbe verquirlen. Die Hitze wieder erhöhen, die Eigelbe zur Vanillemilch geben und mit dem Schneebesen so lange kräftig untermischen, bis die Masse dickflüssig geworden ist. Die Rohrnudeln herausnehmen und noch warm mit der Vanillesauce servieren.

Vom Korn zum Brot – und retour: Der Gottschallerhof ist bekannt für seine Bio-Hofbäckerei. Nicht nur wandert das Getreide von den eigenen Feldern in die vielfältigen Brotspezialitäten – aus Altbrot und Brotresten stellen die Gottschallers Dünger für die Felder her. Nachhaltigkeit pur!

Eva Gottschaller

Als Schauspielerin meistert sie den Spagat zwischen Bio-Hofbäckerei, Bühne und Familie auf einem 900 Jahre alten Hof.

In Rotthalmünster, zwischen Rott und Inn, gehen Dinge zusammen, die für viele unmöglich erscheinen. Zum Beispiel, dass eine Schauspielerin mit Bühnenreife sich dazu entschließt, den elterlichen Hof zu übernehmen. Oder dass ihr Vater vor bald 40 Jahren als einer der ersten Bauern in Bayern mit aller Konsequenz auf Ökologie setzte – und so lange tüftelte, bis er aus Brotresten Biogas gewinnen konnte. Oder dass Landwirtschaft nicht nur ökologisch, sondern sogar vegan möglich ist. Und dass aus der Familie Gottschaller, deren Stammbaum sich bis ins Jahr 1435 zurückdatieren lässt, einmal die „1. Bayerische Bio-Königin" hervorgehen würde.

„Ja", sagt Eva mit einem hellen, ansteckenden Lachen: „Es hat einfach alles super gepasst, als ich 2016 für diese Aufgabe gekürt wurde." Bio-Verbände hatten sie damals mit Unterstützung des Bayerischen Landwirtschaftsministeriums für zwei Jahre in das Amt gewählt. Genau zu dem Zeitpunkt, als in Eva der Entschluss reifte, zu ihren Wurzeln zurückzukehren und sich in der Landwirtschaft auf dem elterlichen Gottschallerhof mehr und mehr zu engagieren. Ihre Großmutter war Leiterin eines Jugendtheaters, so schnupperte Eva früh Bühnenluft, schloss die Ausbildung zur Schauspielerin ab, lebte in Neuseeland, München, Passau, arbeitet seit 2015 freischaffend für Bühne und Film – und spürte dabei dennoch, dass sie sich ein Leben ohne den Hof und die Bio-Hofbäckerei, ohne Feld- und Gartenarbeit, kurz: ohne die Natur nicht vorstellen konnte: „Ich hatte eine sehr glückliche Kindheit hier", erzählt sie. „Tief im Herzen wusste ich immer: Ich will eines Tages zurück."

Seit über einem Jahr nun lebt sie wieder auf dem Hof, dessen Geschichte sich bis ins Jahr 1158 zurückverfolgen lässt. Zusammen mit ihrem künftigen Ehemann Lars, ihrer gemeinsamen Tochter Ylvi, Bruder Julian, Vater Nikodemus und dessen Lebensgefährtin Beate. Zwar ist sie zurzeit vor allem „Vollzeitmama", wie sie sagt, arbeitet aber überall mit, wo sie gebraucht wird. Hilft in der Bio-Bäckerei, die ihr Vater 1995 auf dem Hof gegründet hatte, kümmert sich um Direktvermarktung und Marketing und fährt bei der Ernte den Schlepper. Die Gottschallers bauen auf ihren Feldern einige der Zutaten für ihre Bio-Brotspezialitäten an, zum Beispiel Roggen, Dinkel, Urgetreide. Aber auch Kürbisse. Lang ist die Tradition des Hofs, innovativ, was hier passiert: Die Familie führt die Landwirtschaft nicht nur im ökologischen Kreislauf mit eigener Wasserquelle, Ökostrom-Erzeugung und Bio-Kläranlage. Sondern auch vegan.

> „Ich wünsche mir, dass unsere Tochter hier genauso glücklich aufwächst wie ich."

„Biozyklisch-vegan" nennt sich diese landwirtschaftliche Betriebsweise offiziell. Aus voller Überzeugung haben sich die Gottschallers dafür entschieden. Nicht nur gibt es, bis auf ein paar wild lebende Katzen, keine Tiere am Hof – es werden fast keine tierischen Erzeugnisse genutzt. Nur in der Konditorei kommen Eier, Butter und Milch in nicht veganen Kuchen, Torten und Gebäckstücken zum Einsatz. Zur Gesunderhaltung der Felder etwa entwickelte Evas Vater ein Verfahren, um aus Altbrot Dünger herzustellen. Und Eva kocht mit Begeisterung mit Obst, Gemüse, Hülsenfrüchten und Kräutern. Frisch geerntet, aus dem eigenen Garten oder vom Bauern- und Biomarkt und dann pur, schonend und leicht zubereitet – so mögen sie, Lars und Tochter Ylvi es am allerliebsten.

Brot ist wie Mehl mit einer Prise Rock 'n' Roll: Es warten viele verschiedene Sorten im Bäckerregal, die unbedingt probiert werden wollen!

Dreierlei auf Brot

mit Kräuterbutter

Zutaten für 4 Personen

Für die Kräuterbutter
1/2 Bund Petersilie
1/2 Bund Schnittlauch
2 Knoblauchzehen
250 g vegane Butter

Für den Hummus
1 Knoblauchzehe
350 g Kichererbsen (aus dem Glas)
3 Stiele Petersilie
3 EL Olivenöl
1 EL Paprikapulver (edelsüß)
Saft von 1/2 Zitrone
1 EL Tahini (Sesammus)
1/2 TL Salz

Für den Tomatenaufstrich
4 Tomaten
1 Zwiebel
2 Knoblauchzehen
1 EL Olivenöl
Salz
Pfeffer aus der Mühle

Für den Auberginenaufstrich
1 Aubergine
1 Knoblauchzehe
3 EL Olivenöl
1 TL Salz
Pfeffer aus der Mühle

Außerdem
verschiedene Brotsorten

1. Für die Kräuterbutter Petersilie und Schnittlauch waschen und trocken schütteln. Von der Petersilie die Blätter abzupfen. Beides fein hacken. Den Knoblauch schälen und in feine Würfel schneiden, mit den Kräutern unter die zimmerwarme Butter rühren und kühl stellen.

2. Für den Hummus den Knoblauch schälen. Die Kichererbsen in ein Sieb abgießen, kalt abbrausen und abtropfen lassen. Die Petersilie waschen, trocken tupfen, die Blätter abzupfen und fein hacken. Petersilie, Knoblauch und Kichererbsen mit den restlichen Zutaten mit dem Stabmixer pürieren, bis ein feines Mus entstanden ist. Falls nötig, etwas kaltes Wasser hinzufügen.

3. Für den Tomatenaufstrich die Tomaten waschen und in kleine Würfel schneiden, dabei die Stielansätze entfernen. Zwiebel und Knoblauch schälen und in feine Würfel schneiden. Beides in einem Topf mit den Tomatenwürfeln und dem Olivenöl erhitzen und 10 Minuten einkochen lassen. Mit Salz und Pfeffer würzen.

4. Für den Auberginenaufstrich den Backofen auf 185 °C vorheizen. Die Aubergine putzen, waschen und rundum mit der Gabel einstechen. Die Aubergine auf ein mit Backpapier belegtes Backblech legen und im Ofen 30 Minuten weich garen. Danach längs halbieren und das weiche Fruchtfleisch mit einem Löffel aus der Schale lösen. Den Knoblauch schälen, mit Aubergine und Olivenöl in einen hohen Rührbecher geben und mit dem Stabmixer fein pürieren. Das Auberginenmus mit Salz und Pfeffer würzen.

5. Das Brot in Scheiben schneiden. Hummus, Tomaten- und Auberginenaufstrich anrichten und mit Kräuterbutter und Brot servieren.

Mein Tipp

Für vegane Mayonnaise verrühre ich 150 g Öl mit 50 ml Sojamilch, 1 EL mittelscharfem Senf, 1–2 TL Zitronensaft und 1 TL Zucker so lange, bis die Masse fest wird. Dann würze ich sie mit Salz und Pfeffer und lasse sie im Kühlschrank 2 Stunden kühlen.

Focaccia

mit Hafer-Gemüsebratlingen, Austernpilzen und Gemüsechips

Zutaten für 4 Personen

Für die Hafer-Gemüsebratlinge
125 g Haferflocken
50 g Sonnenblumenkerne
1/2 Bund Petersilie
1 kleine Zwiebel
1 Knoblauchzehe
1 kleine Karotte
1 kleine Kartoffel
1 kleine Zucchini
2 EL Öl
1 TL geräuchertes Paprikapulver
2 EL Salz
Pfeffer aus der Mühle
Weißbrot- oder Dinkelvollkornbrösel zum Wenden

Für die Gemüsechips
1 Kartoffel
1 kleine Süßkartoffel
1 Rote Bete
1 Karotte
1 Zucchino
1 Bund Rosmarin
Olivenöl
grobes Salz
Pfeffer aus der Mühle

Außerdem
250 g Austernpilze
Öl zum Anbraten
Salz
Pfeffer aus der Mühle
4 Scheiben veganer Käseersatz
1 rote Zwiebel
1 Tomate
1/2 Salatgurke
4 Focaccia-Semmeln
vegane Mayonnaise (siehe Tipp auf der linken Seite)
Rucola zum Garnieren

1. Für die Bratlinge die Haferflocken und Sonnenblumenkerne separat ohne Fett anrösten und beiseite stellen. Die Petersilie waschen, trocken schütteln, die Blätter abzupfen und fein hacken. Zwiebel und Knoblauch schälen und in feine Würfel schneiden. Karotte und Kartoffel schälen und waschen, Zucchini putzen und waschen und die Gemüse fein raspeln.

2. Das Öl in einer Pfanne erhitzen und darin Zwiebel und Knoblauch andünsten. Die Gemüseraspel hinzufügen und mitbraten. Die Sonnenblumenkerne dazugeben und 200 ml Wasser angießen. Mit Paprikapulver, Salz und Pfeffer würzen und aufkochen lassen. Die Haferflocken hinzufügen und unterrühren, bis ein fester Brei entstanden ist. Vom Herd nehmen, die gehackte Petersilie untermischen und 30 Minuten ziehen lassen. Der Teig sollte anschließend so fest sein, dass der Kochlöffel darin stecken bleibt. Falls nötig, Brotbrösel hinzufügen. Aus der Masse mit angefeuchteten Händen 4 Bratlinge formen, in Brotbröseln wenden und 1 Stunde kühl gestellt ruhen lassen.

3. Für die Gemüsechips den Backofen auf 200 °C vorheizen. Kartoffel, Süßkartoffel, Rote Bete und Karotte schälen und waschen, Zucchini putzen und waschen. Die Gemüse in feine Scheiben hobeln und auf einem mit Backpapier belegten Backblech verteilen. Den Rosmarin waschen, trocken schütteln, die Nadeln abzupfen und fein hacken. Die Gemüsescheiben damit bestreuen, mit reichlich Olivenöl beträufeln und im Ofen auf der mittleren Schiene 30 Minuten knusprig backen. Dann den Ofen ausschalten und die Gemüsechips in der Restwärme 20 Minuten ruhen lassen. Vor dem Servieren mit grobem Salz und Pfeffer würzen.

4. Die Austernpilze putzen und je nach Größe halbieren oder vierteln. In einer Pfanne im heißen Öl anbraten, mit Salz und Pfeffer würzen und wieder herausnehmen. Die Bratlinge in reichlich Öl auf beiden Seiten in der noch warmen Pfanne goldbraun braten. Die Pfanne vom Herd nehmen, jeden Bratling mit 1 Scheibe veganem Käse belegen und zugedeckt schmelzen lassen.

5. Die Zwiebel schälen und in feine Ringe schneiden. Die Tomate waschen und in dünne Scheiben schneiden, dabei den Stielansatz entfernen. Die Gurke waschen und in dünne Scheiben schneiden. Die Semmeln quer halbieren und die Schnittflächen mit Mayonnaise bestreichen. Die Bratlinge auf der Brötchenunterseite platzieren und mit Zwiebelringen belegen. Austernpilze, Tomaten- und Gurkenscheiben darauf verteilen und mit Rucola garnieren. Den Burger nach Belieben mit einem Holzstäbchen fixieren und mit den Gemüse-Chips servieren.

Naschkatzen aufgepasst! Mit 150 g Zartbitterschokolade schmeckt die Nachspeise noch schokoladiger.

Aquafaba-Mousse au Chocolat

mit Pfeffersplittern

Zutaten für 4 Personen

Für die Mousse au Chocolat
100–150 g vegane Zartbitter-schokolade
220 g Kirchererbsenwasser (Aquafaba; siehe Tipp)
1 TL Sahnesteif
1 TL Zucker

Für die Pfeffersplitter
80 g vegane weiße Schokolade
2 EL rosa Pfefferkörner

Außerdem
250 g Süßkirschen
1 EL Speisestärke

1. Für die Mousse die Zartbitterschokolade grob zerkleinern und in einer Metallschüssel im heißen Wasserbad unter Rühren schmelzen. Das Kichererbsenwasser mit Sahnesteif und Zucker mit den Quirlen des Handrührgeräts zu einem cremigen Schnee schlagen. Die flüssige Schokolade mit einem Kochlöffel vorsichtig nach und nach unter den Kichererbsenschnee ziehen. Die Mousse auf vier Dessertgläser verteilen und mindestens 2 Stunden kühl stellen.

2. Für die Pfeffersplitter die weiße Schokolade grob zerkleinern und in einer Metallschüssel im heißen Wasserbad unter Rühren schmelzen. Die flüssige Schokolade mit einem Spatel oder einer Winkelpalette dünn auf einen Bogen Backpapier streichen und mit den rosa Pfefferkörnern bestreuen. Die Pfefferschokolade kühl gestellt fest werden lassen.

3. Die Kirschen waschen, halbieren, entstielen und entsteinen. Die Speisestärke in wenig kaltem Wasser glatt rühren. Die Kirschen in einem Topf aufkochen, die Speisestärke unterrühren und andicken lassen.

4. Zum Servieren die Pfeffersplitter in kleine Stücke brechen und die Mousse au chocolat damit garnieren. Die Kirschsauce dazu reichen.

Mein Tipp:
Die Bezeichnung „Aquafaba“ kommt aus dem Lateinischen: „aqua“ bedeutet „Wasser“ und „faba“ heißt „Bohne". In der veganen Küche dient Aquafaba als Alternative für Eier. Dabei ersetzen 2 EL Aquafaba 1 Eiweiß.

Gemüsereis

mit Sommergemüse

Zutaten für 4 Personen

400 g Champignons
1 Zucchini
1 Karotte
1 Zwiebel
2 Knoblauchzehen
200 g Erbsen (frisch oder TK)
2 EL Olivenöl
1 l Gemüsebrühe
200 ml Sojasahne
400 g Langkornreis
Salz
Pfeffer aus der Mühle

1. Die Pilze putzen und, falls nötig, mit Küchenpapier trocken abreiben. Die Pilze je nach Größe halbieren oder vierteln. Die Zucchini putzen und waschen, die Karotte putzen, schälen und beides in kleine Würfel schneiden. Zwiebel und Knoblauch schälen und ebenfalls in feine Würfel schneiden. Frische Erbsenschoten öffnen und die Erbsen aus den Schoten drücken. Gefrorene Erbsen auftauen lassen.

2. Das Olivenöl in einer Pfanne erhitzen und die Zwiebel darin andünsten. Zucchini-, Karottenwürfel und Erbsen dazugeben und kurz mitbraten. Dann die Pilze und den Knoblauch unterrühren und anbraten. Von der Gemüsebrühe 1/4 l angießen und das Gemüse zugedeckt 10 Minuten bissfest garen.

3. Die Sojasahne unter das Gemüse rühren und alles aufkochen lassen. Die restliche Brühe in einem Topf zum Kochen bringen und den Reis darin bei mittlerer Hitze etwa 20 Minuten bissfest garen. Den Reis in ein Küchensieb abgießen und unter das Gemüse mischen. Mit Salz und Pfeffer abschmecken.

Mein Tipp:
Statt Reis schmeckt auch Hirse oder Dinkel. Als Topping füge ich gern angebratene Sojaschnetzel hinzu. Diese werden erst in Gemüsebrühe eingeweicht und anschließend in reichlich Öl in der Pfanne goldgelb angebraten. Mit Salz und Pfeffer gewürzt und über den Gemüsereis gegeben eine superleckere Sache!

Veganer Apfelkuchen

mit Dinkelmehl

Zutaten für 12 Stücke

Fett und Mehl für die Form
45 g Puderzucker
430 g Dinkelmehl (Type 812)
280 g weiche vegane Margarine
Salz
5 Äpfel (z. B. Boskop)
25 g Rohrohrzucker
350 g Apfelmus
130 g Zucker
2 TL Zimtpulver

1. Den Backofen auf 200 °C Umluft vorheizen. Eine Springform (24 cm Durchmesser) einfetten und leicht mit Mehl bestäuben. Den Puderzucker, 230 g Mehl, 150 g Margarine und 1 Prise Salz zu einem glatten Teig verkneten. Den Teig in die Kuchenform drücken und dabei etwa zwei Fingerbreit einen Rand hochziehen.

2. Die Äpfel vierteln und schälen, dabei die Kerngehäuse entfernen. Die Apfelviertel in kleine Würfel schneiden, in einer Schüssel mit dem Rohrohrzucker und dem Apfelmus mischen. Die Apfelfüllung auf dem Teigboden verteilen.

3. In einer Schüssel den Zucker, die restliche Margarine, das restliche Mehl und den Zimt zu einem krümeligen Streuselteig verkneten. Die Streusel auf dem Apfelkuchen verteilen und den Kuchen im Ofen auf der mittleren Schiene 50 Minuten backen.

Oberbayern

Naturnahe Landwirtschaft spielt sich in Oberbayern mal in luftiger Höhe, mal im Tal ab. Ob in der Schotterebene vor den Toren Münchens oder droben auf der Alm: Stefanie Rieblinger und Karina Schwarzbauer betreiben auf ihren Höfen Landwirtschaft mit Weitblick – artgerecht und arterhaltend.

Dreizehn Bienenvölker leben auf dem Biohof der Familie Rieblinger. Auch andere Nutztiere, die immer seltener werden und vom Aussterben bedroht sind, bekommen bei Steffis Familie eine Zukunft. Sie züchtet auch Murnau-Werdenfelser Rinder, eine alte oberbayerische Rasse.

Stefanie Rieblinger

Bienen, Hühner, Kühe: Auf dem Lukashof im Dachauer Land bekommen bedrohte Nutztiere viel artgerechten Lebensraum.

Wie sieht das Paradies aus Sicht einer Biene aus? Bestimmt ein bisschen so, wie auf dem Biohof der Rieblingers, wo Brennnesseln, Löwenzahn und Ringelblumen und viele andere Kräuter, Wildblumen und Stauden in duftender Vielfalt wachsen und den Bienen etwas schenken, was sie zum Überleben dringend brauchen: eine artenreiche, blühende Bienenweide. Früh schon haben sich die Rieblingers für die honigsammelnden Insekten begeistert und für sie auf dem Hof einen Lebensraum geschaffen. Stefanies Eltern Rita und Peter sind ausgebildete Imker. Ihre Begeisterung für die Bestäuber-Insekten gaben sie an ihre Tochter weiter: „Meine Mutter kümmert sich mit viel Ruhe und Liebe um unsere Bienen. Und diese Liebe geben sie ihr zurück", sagt Steffi.

Zum Beispiel in Form von Blütenhonig, den man hier kaufen kann. Der Lukashof im Dorf Tandern hat aber nicht nur Honig zu bieten, sondern ist vielseitig aufgestellt. Als Fachlehrerin für Hauswirtschaft arbeitet Steffi Vollzeit, packt aber gleichzeitig jeden Tag auf dem Hof mit an. In vierter Generation betreibt die Familie die Landwirtschaft und Steffi möchte den Hof später übernehmen. Fit für die Zukunft hat die Familie den Betrieb ohnedies gemacht, indem sie sich auf traditionelle Werte besinnt: Artenvielfalt. In Kreisläufen denken. Der Lukashof ist eine Nutztierarche. Vom Aussterben bedrohte Tierrassen wie das Sulmtaler oder Sundheimer Huhn, die Bayerische Landgans und das Murnau-Werdenfelser Rind haben hier eine Heimat gefunden.

Kühe sind Steffi auf besondere Weise ans Herz gewachsen: „Die sind unwahrscheinlich gescheit", erzählt sie, „liebevoll und gutmütig, aber wenn sie grantig sind, zeigen sie das auch." Geteilte Liebe ist doppelte Liebe: Übers Jahr arbeitet Steffi am Hof mit den Murnau-Werdenfelser Rindern, die die Rieblingers in Mutterkuhhaltung züchten. Den Sommer über geht sie seit vielen Jahren als Sennerin auf die Alm, kümmert sich da um 14 Milchkühe und Kälber, steht jeden Morgen um vier Uhr auf und holt die Herde, wenn es noch finster ist, von den steilen Hängen zurück in den Stall zum Melken. Die Leitkuh kennt den Weg von allein, mit ihrem Glockengeläut zeigt sie der Herde, wo's langgeht. Und doch hat Steffi dabei eine Riesenverantwortung. Sie melkt zweimal am Tag, bringt die Milch zur Käserei, macht die Stallarbeit – und sorgt dafür, dass die Kühe den Almsommer über gesund und beisammenbleiben.

> „Ein Leben ohne unsere Tiere? Das könnten wir uns nicht vorstellen!"

Nur wenn keine Kuh krank wird oder abstürzt, gibt es zum Ende des Bergsommers den Almabtrieb mit festlichem Schmuck. „Wenn ich hier heroben bin", erzählt Steffi, „kommen mir manche Probleme drunten im Tal klein vor." Drei Monate ist sie oben am Berg, nicht nur bei eitel Sonnenschein, sondern auch bei Sturm, Gewitter, Schnee, wie er Ende August, Anfang September durchaus schon fallen kann. Da hilft es, dass Steffi im Glauben verankert ist. Und beherzt zupackt, wie das Hauswirtschafterinnen seit eh und je können. Jeder Handgriff sitzt, auch wenn sie kocht. Sie beherrscht die Finessen der feinen Küche wie der traditionellen Hausmannskost, und wenn man ihr dabei zuschaut, wie sie flink Rahmflecken dreht oder ein Stück vom Rind zum Garen in Almwiesenheu packt – dann ist das nicht nur ein Gaumenschmaus, sondern auch eine Augenweide.

Sommersalat

auf mariniertem Ochsenmaiserl mit Wildkräuterstangerl

Zutaten für 4 Personen

Für das Ochsenmaiserl
200 g Wurzelgemüse (z.B. Petersilienwurzel, Pastinaken)
Öl zum Anbraten
300 g Ochsenmaiserl
Salz, Pfeffer aus der Mühle

Für die Vinaigrette
1 EL bunte Pfefferkörner
1/2 Bund gemischte Kräuter (z.B. Zitronenthymian, Rosmarin)
1/4 l Weißweinessig
1/4 l Fleischbrühe
3 EL Honig
je 2 EL Raps- und Kürbiskernöl

Für die Wildkräuterstangerl
5 Stiele Dost (wilder Oregano)
5 Zweige Quendel (wilder Thymian)
3 Stiele Giersch
1 Stiel Gundelrebe
80 g Dinkelmehl
mittelgrobes Salz
Chiliflocken
50 g Magerquark
50 g kalte Butter
40 g geriebener Bergkäse
1 Eiweiß zum Bestreichen

Für den Sommersalat
je 1/2 Kopf Lollo rosso und Lollo bionda
100 g Wildkräuter
50 g Himbeeren
2 EL Himbeeressig
1 EL Rapsöl
1/2 TL mittelscharfer Senf
1 TL Honig
Salz und Pfeffer aus der Mühle

1. Am Vortag für das Maiserl das Wurzelgemüse putzen, waschen und in grobe Stücke schneiden. Etwas Öl in einem Topf erhitzen und das Fleisch darin rundum anbraten, dabei mit Salz und Pfeffer würzen. Das Gemüse hinzufügen, kurz mit anbraten und mit 1 1/2 l kaltem Wasser ablöschen. Das Fleisch etwa 20 Minuten weich garen, dann aus dem Sud nehmen, abkühlen lassen und in 2 1/2 mm dünne Scheiben schneiden, wenn möglich mit der Schneidemaschine.

2. Für die Vinaigrette die Pfefferkörner im Mörser zerstoßen. Die Kräuter waschen, trocken schütteln, je nach Sorte Blättchen oder Nadeln abzupfen und fein hacken. Pfeffer und Kräuter mit den übrigen Zutaten zu einer Vinaigrette verrühren. Die Fleischscheiben darin einlegen und kühl gestellt über Nacht ziehen lassen.

3. Am nächsten Tag für die Kräuterstangerl die Kräuter waschen, trocken schütteln, die Blättchen abzupfen und grob hacken. Das Mehl mit je 1 Prise Salz und Chiliflocken mischen. Quark, Butter in Stückchen, 15 g Bergkäse und die Kräuter hinzufügen und alles zu einem glatten Teig verkneten. Den Teig in Frischhaltefolie oder ein Wachstuch einwickeln und mindestens 2 Stunden kühl stellen.

4. Den Backofen auf 200 °C vorheizen. Den Teig zu einer Rolle formen und in 12 Stücke teilen. Die Teigstücke zu langen Stangen rollen und auf ein mit Backpapier belegtes Backblech legen. Die Stangen mit verquirltem Eiweiß bestreichen, mit dem restlichen Käse bestreuen und im Ofen auf der mittleren Schiene etwa 12 Minuten goldbraun backen.

5. Für den Sommersalat die Salate in einzelne Blätter teilen, waschen, trocken schleudern und in mundgerechte Stücke zupfen. Die Kräuter verlesen, waschen, trocken schleudern, je nach Sorte die Blättchen abzupfen und grob hacken. Die Himbeeren verlesen, waschen und trocken tupfen. Die übrigen Zutaten zu einem Dressing verrühren. Die Fleischscheiben aus der Vinagrette heben, etwas abtropfen lassen und auf Teller verteilen. Den Salat darauf anrichten, mit Dressing beträufeln und mit den Himbeeren garnieren. Die Kräuterstangerl dazu servieren.

Anmerkung:
In Bayern nennt man das Schwanzstück auch Maiserl. Als Wildkräuter eignen sich Löwenzahn, Schafgarbe, Vogelmiere, Sauerampfer, Blutampfer, Giersch oder Spitzwegerich. Dost hat ein ähnliches Aroma wie Majoran.

Bei niedriger Temperatur gegart bleibt das Fleisch besonders saftig.

Ochsenwade

im Heu gegart, mit Brezenknödel und glasierten Karotten

Zutaten für 4 Personen

Für die Brezenknödel
5 Laugenbrezen
2 Eier
200–250 ml Milch
5 Stiele Giersch
1/2 kleine Zwiebel
3–4 EL Butter
Pfeffer aus der Mühle
frisch geriebene Muskatnuss
Salz

Für die Ochsenwade
1/2 Ochsenwade (z. B. vom Murnau-Werdenfelser Rind; ca. 2 1/2 kg)
1/2 TL Salz
1/4 TL Pfeffer
1 EL Rapsöl
5 Handvoll Bio-Heu

Für die Sauce
200 g Wurzelgemüse (z. B. Knollensellerie, Karotten, Petersilienwurzel)
1/2 Honiglebkuchen
400 g Knochen
1 EL Rapsöl
200 ml Rinderbrühe
1/2 EL Tomatenmark
2 EL Mehl
3 EL kräftiger Rotwein

Für die Karotten
5 bunte Karotten
2 EL Butter
Salz, Pfeffer aus der Mühle
1 EL Honig

1. Für die Brezenknödel die Brezen in Stücke schneiden. Eier und Milch verrühren, die Brezenstücke damit übergießen und zugedeckt etwa 20 Minuten einweichen.

2. Inzwischen für die Wade den Backofen auf 80 °C vorheizen. Das Fleisch ggf. von Fett und Sehnen befreien, mit Salz und Pfeffer einreiben und im heißen Öl rundum anbraten. Aus der Pfanne nehmen, in ein sauberes Küchentuch einwickeln und in Heu einpacken. Das eingewickelte Fleisch in eine ofenfeste Form legen und im Ofen auf der mittleren Schiene etwa 20 Minuten niedriggaren. Das Fleisch ist fertig, wenn es eine Kerntemperatur von 74 °C hat.

3. Den Giersch verlesen, waschen, trocken tupfen und klein hacken. Die Zwiebel schälen und in feine Würfel schneiden. 2 EL Butter in einer Pfanne erhitzen und Zwiebelwürfel und Giersch darin andünsten. Die Mischung zu den eingeweichten Brezen geben und mit je 1 Prise Pfeffer und Muskatnuss zu einem Teig verarbeiten.

4. Den Teig dritteln, jeweils auf eine Stoffserviette legen und zu festen Rollen formen. Die Enden gut verschließen. Reichlich Salzwasser in einem weiten Topf erhitzen, die Rollen hineinlegen und im siedenden Wasser halb zugedeckt 10 bis 15 Minuten garen. Dann herausnehmen, abkühlen lassen und auswickeln.

5. Für die Sauce das Gemüse putzen, schälen und in grobe Stücke schneiden. Den Honiglebkuchen in wenig lauwarmem Wasser einweichen. Die Knochen in einem Topf im heißen Öl anbraten, das Gemüse hinzufügen und kurz mitbraten. Mit der Brühe und 400 ml Wasser ablöschen, aufkochen und bei schwacher Hitze 30 Minuten köcheln lassen. Durch ein Sieb abgießen, Tomatenmark und den eingeweichten Lebkuchen unterrühren und aufkochen lassen. Das Mehl mit wenig Wasser anrühren und unterrühren. Die Sauce mit dem Rotwein abschmecken und warm halten.

6. Für die glasierten Karotten die Karotten putzen, schälen und in Rauten schneiden. In einer Pfanne in heißer Butter andünsten, dabei mit Salz und Pfeffer würzen. Die Pfanne vom Herd nehmen, den Honig unterrühren und die glasierten Karotten sofort aus der Pfanne nehmen. Die Brezenknödel schräg in Scheiben schneiden, in der restlichen Butter anbräunen und mit den glasierten Karotten auf Tellern anrichten. Das Fleisch in Scheiben schneiden, dazugeben und mit Sauce beträufelt servieren.

Joghurttraum

mit Florentinermantel und Blaubeergrütze

Zutaten für 4 Personen

Für den Joghurttraum
3 Eier
75 g Honig
100 g Mehl
1 EL Kakaopulver
1 1/2 Blatt weiße Gelatine
80 g Naturjoghurt
30 g Crème fraîche
25 g Puderzucker
2 EL Zitronenmelisse-Sirup
100 g Sahne
einige Zitronenmelisseblättchen zum Garnieren

Für den Florentinermantel
60 g Honig
30 g Butter
40 g Sahne
70 g blanchierte Mandeln

Für die Blaubeergrütze
200 g Blaubeeren
100 ml roter Saft (z. B. Blaubeer-, roter Johannisbeersaft)
1–2 EL Honig
1 EL Speisestärke

1. Für den Joghurttraum am Vortag den Backofen auf 180 °C vorheizen. Eier und Honig mit den Quirlen des Handrührgeräts schaumig rühren. Mehl und Kakaopulver mit dem Schneebesen vorsichtig unterheben. Den Teig gleichmäßig auf ein mit Backpapier belegtes Backblech streichen und im Ofen auf der mittleren Schiene 10 Minuten backen. Herausnehmen und auskühlen lassen.

2. Die Gelatine in kaltem Wasser einweichen. Zuerst Joghurt, Crème fraîche, Puderzucker und Sirup verrühren, dann die aufgelöste Gelatine unterrühren. Die Joghurtmasse kühl stellen, bis sie etwas steif geworden ist. Die Sahne steif schlagen und unter die Joghurtmasse heben. Mit dem Dessertförmchen aus dem Teig den Boden für den Joghurttraum ausstechen. Die Joghurtmasse auf die vier Förmchen verteilen, mit dem Teigboden bedecken und kühl gestellt mehrere Stunden fest werden lassen, am besten über Nacht.

3. Am nächsten Tag für den Florentinermantel Honig, Butter und Sahne in einem Topf aufkochen und bei schwacher Hitze 5 Minuten köcheln lassen. Die Mandeln hinzufügen und weitere 5 Minuten köcheln. Den Backofen auf 200 °C vorheizen. Die Mandelmasse gleichmäßig auf ein mit Backpapier belegtes Backblech streichen und im Ofen auf der mittleren Schiene etwa 12 Minuten goldgelb backen. Herausnehmen und noch lauwarm in 4 etwa 1 1/2 cm breite Streifen schneiden.

4. Den Joghurttraum stürzen, den Rand jeweils mit einem Florentinerstreifen umrunden und vorsichtig festdrücken.

5. Für die Blaubeergrütze die Blaubeeren verlesen, waschen und trocken tupfen. In einem Topf mit Saft und Honig aufkochen. Die Speisestärke mit wenig kaltem Wasser glatt rühren und untermischen. Die Blaubeergrütze sofort vom Herd nehmen und abkühlen lassen. Den Joghurttraum jeweils mit 1 Zitronenmelisseblättchen garnieren und mit der Blaubeergrütze servieren.

Rote-Bete-Suppe

mit Forellen-Sahnemeerrettich

Zutaten für 4 Personen

Für die Suppe
1 Zwiebel
1 Apfel (z. B. Braeburn)
450 g Rote Beten
2 EL Öl
400 ml Gemüsebrühe
etwas Zitronensaft
200 g Sahne
Salz
1 EL brauner Zucker
gemahlener Kümmel
Pfeffer aus der Mühle

Für die Einlage
4–5 Stiele Dill
200 g geräuchertes Forellenfilet (ohne Haut und Gräten)
Salz, Pfeffer aus der Mühle
100 g Sahnemeerrettich (aus dem Glas)

1. Die Zwiebel schälen, in grobe Würfel schneiden. Den Apfel waschen und vierteln, das Kerngehäuse entfernen und grob zerkleinern. Die Roten Beten schälen, waschen und ebenfalls grob zerkleinern, dabei am besten Einweghandschuhe tragen, da die Knollen stark abfärben.

2. Das Öl in einem Topf erhitzen und die Zwiebelwürfel darin andünsten. Apfel- und Rote-Bete-Stücke hinzufügen und kurz mitgaren. Die Gemüsebrühe dazugießen, 1 Schuss Zitronensaft hinzufügen und die Roten Beten bei mittlerer Hitze weich köcheln.

3. Dann die Sahne hinzufügen und warm werden lassen. Die Suppe mit dem Stabmixer fein pürieren. Wenn die Suppe etwas zu dickflüssig sein sollte, mit etwas Brühe und Sahne bis zur gewünschten Konsistenz auffüllen. Mit Salz, braunem Zucker, 1 Prise Kümmel, Pfeffer und nach Belieben mit Rotweinessig süß-säuerlich abschmecken.

4. Für die Einlage den Dill waschen, trocken tupfen, die Spitzen abzupfen und fein schneiden. Das geräucherte Forellenfilet grob schneiden und fein pürieren. Mit Salz und Pfeffer würzen, Dill und Sahnemeerrettich unterrühren und die Forellenmischung bis zur Verwendung kühl stellen.

5. Die Rote-Bete-Suppe vor dem Servieren nochmals kurz mit dem Stabmixer schaumig aufmixen und auf Teller verteilen. Aus dem Forellen-Sahnemeerrettich mit zwei Teelöffeln Nockerl formen, auf die Teller verteilen und mit Dillspitzen garnieren.

Honig-Lebkuchen

mit Zimt und Mandeln

Zutaten für 4 Personen

125 g Zucker
250 g Blütenhonig
125 g Kokosfett
500 g Mehl
2 EL Kakaopulver
1 TL Lebkuchengewürz
1 TL Zimtpulver
5 g Pottasche
1 Ei
Mehl für die Arbeitsfläche
Milch zum Bestreichen
blanchierte Mandelhälften zum Verzieren

1. Zucker, Honig und Kokosfett in einem Topf erwärmen, bis sich der Zucker gelöst hat, dabei gelegentlich umrühren. Den Topf vom Herd nehmen und die Mischung abkühlen lassen.

2. Das Mehl mit dem Kakaopulver, Lebkuchengewürz und Zimtpulver in eine Schüssel sieben. Die Pottasche in 1 EL kaltem Wasser auflösen. Die abgekühlte Honigmasse, das Ei und die Pottasche zur Mehlmischung geben und alles zu einem festen Teig verkneten. Den Teig zugedeckt 1 Woche kühl stellen. Nach dieser Zeit hat der anfangs weiche Teig eine feste Konsistenz angenommen.

3. Vor dem Backen den Backofen auf 200 °C vorheizen. Ein Backblech mit Backpapier belegen. Den Teig auf der bemehlten Arbeitsfläche nochmals kräftig durchkneten. Mit der Teigrolle etwa 5 mm dick ausrollen, mit beliebigen Teigausstechern Lebkuchen ausstechen und mit etwas Abstand zueinander auf das Backblech legen.

4. Die Lebkuchen mit etwas Milch bestreichen, mit den Mandeln verzieren und im Ofen auf der mittleren Schiene 10 bis 15 Minuten backen.

Mein Tipp:
Damit die Lebkuchen schön mürbe werden, sollte man sie vor dem Verzehr etwa 1 Woche zusammen mit einem Apfel in einer Blechdose luftdicht, trocken und kühl lagern.

Ab dem Frühling lebt die Pinzgauer Mutterkuhherde auf den Weiden nahe beim Hof. Bei den Schwarzbauers hat die vom Aussterben bedrohte Rinderrasse wieder eine Zukunft. Artgerecht, stressfrei – und von Karina, ihrem Mann und ihren drei Kindern mit viel Liebe umsorgt.

Karina Schwarzbauer

Auf ihrem Hof in Steingriff bei Schrobenhausen trägt sie mit viel Elan zur Erhaltung einer alten Rinderrasse bei.

Markknochen, Rinderzunge: Das klingt nach klassischer Rindfleischküche, einer Tradition, wie wir sie vielleicht noch aus historischen Geschichten kennen. Das Pinzgauer Rind aus dem Salzburger Land war in der Kaiserzeit das beliebteste Tier für Tafelspitz & Co. Und heute? Ist es fast ausgestorben! Doch Karina kennt seine Vorzüge, weiß genau, an welcher Stelle das Kronfleisch, die Zwerchrippe, liegt, hat sich dieses Wissen über die schmackhaften Teile in vielen Stunden bei ihrem Metzger angeeignet und kann heute aus Erfahrung sagen: „Jedes Stück Fleisch vom Rind ist ein Edelteil." Insbesondere, wenn das Tier ein glückliches Leben hat. Wenn es auf der Weide sein, seine Hörner behalten, seine Kälber säugen kann. So, wie bei Familie Schwarzbauer auf dem Rotkopf-Hof, denn Karina und ihr Mann Hubert züchten Pinzgauer Rinder in Mutterkuhhaltung – und tragen so aktiv dazu bei, dass die kastanienbraune Rasse mit dem typisch weißen Rücken- und Bauchstreifen weiterlebt.

> „Filet und Lende? Fein! Aber ein Rind hat noch mehr Gutes zu bieten!"

Sobald es draußen gemütlicher ist als drinnen, sind die gut 50 Pinzgauer Rinder auf den eigenen Weiden. „Wir essen nur Fleisch von Tieren, die wir selbst aufziehen", erklärt Karina, der die Wertschätzung aller Lebensmittel immer schon am Herzen lag. Einerseits arbeitet sie als Bürokauffrau in Teilzeit, andererseits ist sie Bäuerin mit Begeisterung, kümmert sich um das Füttern der Tiere, um die Direktvermarktung und hat sich zudem zur Hauswirtschaftsmeisterin weitergebildet. Als die Abschlussprüfung anstand und sie ein Projekt dafür entwickeln sollte, blitzte die Idee mit den Rindfleischseminaren auf: „Wie oft bin ich von unseren Kunden gefragt worden, was kann man denn aus diesem und jenem Fleischstück zubereiten?", erzählt sie. „Nose to Tail" ist ein großes Thema – nachhaltiges Genießen aller Teile des Tieres. Doch das Wissen darüber ist verloren gegangen.

In ihren Rindfleischseminaren frischt Karina es wieder auf. Erklärt alle essbaren Stücke, eben von der Schnauze bis zum Schwanz, und kocht anschließend mit den Teilnehmern ein mehrgängiges Menü: Ravioli mit Suppenfleischfüllung zum Beispiel, geräucherte Zunge, Rinderfond oder Carpaccio aus der Schwanzrolle. Kochen und Vorratshaltung sind ein Riesenthema für die ganze Familie, im Garten wachsen Tomaten und Paprika ohne Ende, Zwiebeln, Gurken und Kohlgemüse, dazu Beeren und Kräuter. Ihr Mann Hubert ist Forstwirtschaftsmeister und Jäger, der landwirtschaftliche Betrieb wird im Nebenerwerb geführt. Jeden Tag steht Karina für sechs Familienmitglieder am Herd. Richtig gemütlich und stundenlang gekocht wird aber am Sonntag. Dann kommt alles in die Töpfe, was auf und rund um den Hof wächst und gedeiht.

Wildschwein aus der eigenen Jagd, selbst geräucherter Speck oder die Kartoffeln, um die sich der zwölfjährige Sohn Valentin kümmert. „Wir sind ja ein kleiner Hof, wie es früher viele gab. Wir haben ein paar Hühner, Hähnchen, Schweine, Kaninchen und Enten. Die haben ein gutes Leben. Später genießen wir sie. Aber mit Bedacht." Ihren drei Kindern haben Karina und Hubert den Respekt für diesen Lebenskreislauf weitergegeben. Im Herbst, wenn die Schwarzbauers ihre zwei, drei Schweine schlachten, feiern sie ein großes Kesselfleischessen auf dem Hof mit Freunden und Familie. Genauso, wie es das früher gab.

Ochs im Nudelrock

mit Schrobenhausener Grünspargel

Rezept für etwa 40 Stück

Für den Nudelteig
250 g Mehl (aus Hartweizen)
1 Ei
2 Eigelb
Salz

Für die Füllung
ca. 150 g gegartes Suppenfleisch vom Weideochsen (z. B. Zwerchrippe, Kronfleisch)
1 Bund Petersilie
2 Zweige Zitronenthymian
1 EL Bärlauchpesto
150 g Ricotta
1–2 EL Öl
Salz, Pfeffer aus der Mühle

Für den Spargel
1 kg Schrobenhausener Grünspargel
1 EL Öl
2 EL Butter
Salz, Pfeffer aus der Mühle
ca. 10 Cocktailtomaten

1. Für den Nudelteig Mehl, Ei und Eigelb von Hand mit etwas Wasser zu einem festen Teig verkneten. Dabei nur so viel Wasser dazugeben, dass ein eher trockener Teig entsteht.

2. Für die Füllung das Suppenfleisch von Fett und Sehnen befreien und in möglichst kleine Würfel schneiden. Petersilie und Zitronenthymian waschen, trocken schütteln und die Blätter abzupfen. Die Kräuter sehr fein schneiden und mit Bärlauchpesto, Ricotta und Öl zu einer geschmeidigen Masse verrühren. Die Füllung mit Salz und Pfeffer würzen und nach Belieben mit Chiliflocken pikant abschmecken.

3. Den Nudelteig mithilfe einer Nudelmaschine zu dünnen Platten ausrollen. Mit einem Teigtaschenformer (7 cm Durchmesser) etwa 40 Teiglinge ausstechen, jeweils 1 TL Fleischfüllung hineingeben und gut verschließen. Die gefüllten Teigtaschen bis zum Kochen separat in Nudelhorden oder auf einem feinen Küchensieb trocknen lassen.

4. Reichlich Salzwasser in einem großen Topf zum Kochen bringen. Die Teigtaschen portionsweise hineingeben und etwa 8 Minuten sanft köcheln lassen. Die Teigtaschen mit dem Schaumlöffel vorsichtig herausnehmen und komplett abtropfen lassen.

5. Für den Spargel den Grünspargel waschen und im unteren Drittel schälen, die holzigen Enden abschneiden. Den Spargel in mundgerechte Stücke schneiden. Die Spargelköpfe dabei separat legen. Das Öl in einer großen Pfanne erhitzen und die Spargelstücke (ohne Köpfe) darin leicht anbraten. Die Hitze reduzieren und den Spargel zugedeckt etwa 5 Minuten garen. Dann die Spargelköpfe hinzufügen und mit geschlossenem Deckel weitere 5 Minuten mitköcheln lassen. Die Butter und die Teigtaschen zum Spargel in die Pfanne geben und warm werden lassen, aber nicht bräunen, und mit Salz und Pfeffer würzen.

6. Die Cocktailtomaten waschen und unterheben. Die Teigtaschen nach Belieben mit frischen Kräutern der Saison garniert und mit geriebenem Käse bestreut servieren.

Mein Tipp:
Für eine vegetarische Füllung verwende ich anstelle des Ochsenfleischs fein geschnittenen bunten Mangold, den ich vorab in 1 EL Öl andünste.

Mein Tipp

Dazu passen Rosmarinkartoffeln: Dafür 8 festkochende Kartoffeln in der Schale garen, abkühlen lassen, schälen und in Achtel schneiden. Die Achtel in heißem Olivenöl anbraten, mit frisch gezupften Rosmarinnadeln bestreuen und mit Kräutersalz würzen.

Hohe Rippe

aus dem Feuertopf mit buntem Spargelsalat und Kartoffelbrot

Zutaten für 4 Personen

Für den Spargelsalat
1 kg weißer Spargel
1 EL Honig
Saft und Schale von 1/2 Bio-Orange
Saft von 1/2 Zitrone
3 EL Walnussöl
2 TL Salz
1/2 TL Zitronenpfeffer
5 EL Balsamico bianco
2 EL Kräuteressig
Rucola und Erdbeeren zum Garnieren

Für das Kartoffelbrot
350 g gekochte Kartoffeln
90 ml Olivenöl und Öl für das Backblech
2 TL Salz
20–30 g frische Hefe
1 EL Honig
400 g Mehl
4 Zweige Rosmarin
1/2 EL grobes Meersalz

Für das Fleisch
1 EL grobes Meersalz
2 EL brauner Zucker
1 TL bunter Pfeffer
3 EL Öl
ca. 1 1/2 kg Hohe Rippe (mit Knochen)
2–3 große Zwiebeln
150 g geräucherter Schweinebauch (in dünnen Scheiben)
350 ml trockener Rotwein
Salz, Pfeffer aus der Mühle

1. Für den Spargelsalat den Spargel waschen und schälen, holzige Enden abschneiden. Den Spargel in etwa 4 cm lange Rauten schneiden und mithilfe eines Dämpfeinsatzes bissfest im Wasserdampf garen. 250 ml vom Spargelwasser für das Dressing abgießen und mit den übrigen Zutaten zu einem Dressing verrühren. Den Spargel mit dem Dressing übergießen und einige Stunden darin marinieren.

2. Für das Kartoffelbrot die Kartoffeln fein raspeln und mit der Hälfte vom Olivenöl und dem Salz mischen. Die Hefe zerbröckeln und mit dem Honig verrühren. Das Mehl über die Kartoffelraspel sieben, die Hefemischung und 60 ml Wasser hinzufügen und alles mit der Hand verkneten. Den Teig zugedeckt bei Zimmertemperatur mindestens 1 Stunde gehen lassen.

3. Den Teig auf einem gefetteten Backblech oder einem Pizzastein zu einem flachen Fladenbrot formen und an der Oberseite mit den Fingerspitzen kleine Mulden eindrücken. Nach Möglichkeit weitere 30 Minuten gehen lassen. Währenddessen den Backofen auf 200 °C vorheizen. Den Rosmarin waschen und trocken schütteln. Die Nadeln abzupfen, fein hacken und mit dem restlichen Olivenöl verrühren. Das Kartoffelbrot gleichmäßig mit dem Rosmarinöl einpinseln und mit Meersalz bestreuen. Im Ofen auf der mittleren Schiene etwa 25 Minuten backen. Das Brot am Ende der Garzeit herausnehmen, den Ofen eingeschaltet lassen.

4. Für das Fleisch Meersalz, Zucker, Pfeffer und Öl zu einer Würzmarinade verrühren. Das Fleisch waschen, trocken tupfen und die Marinade rundum einmassieren. Die Zwiebeln schälen und in Ringe schneiden. Den Boden eines großen Topfs aus Gusseisen (z. B. Feuertopf oder Dutch Oven) oder eines Bräters mit Zwiebelringen belegen. Das Fleisch darauflegen und mit den restlichen Zwiebelringen und den Schweinebauchscheiben bedecken. Die Hohe Rippe zugedeckt im Ofen etwa 1 1/2 Stunden schmoren. Nach Ende der Garzeit die Temperatur auf 170 °C reduzieren.

5. Das Fleisch mit dem Rotwein übergießen und zugedeckt weitere 1 1/2 Stunden schmoren. Den Topf herausnehmen, das Fleisch herausheben und warm stellen. Den Schweinebauch unter dem eingeschalteten Backofengrill knusprig garen. Den Bratensaft abgießen, falls nötig, mit Mehlschwitze binden und mit Salz und Pfeffer abschmecken. Das Fleisch in Scheiben anrichten und die Schweinebauchscheiben daraufgeben. Kartoffelbrot und Sauce dazu reichen.

Bitte nicht stören! Weil das luftig-leichte Gebäck schnell zusammenfällt, sollte die Ofentür beim Backen geschlossen bleiben.

Beschwipste Windbeutel

mit einem Gruß aus Karinas Bauerngarten

Ergibt etwa 15 Stück

Für den Teig
50 g Butter
Salz
150 g gesiebtes Mehl
4 kleine Eier

Für die Füllung
ca. 150 g Erdbeeren
4 EL Rumtopf (siehe Tipp)
400 g Sahne
2 EL Vanillezucker
Puderzucker zum Bestreuen

1. Für den Teig die Butter in einem großen Topf zerlassen, 1/4 l Wasser und 1 Prise Salz dazugeben und aufkochen lassen. Das Mehl auf einmal hinzufügen und mit einem Holzlöffel so lange rühren, bis sich der Teig vom Topfboden löst und sich ein weißer Belag gebildet hat. Den Topf vom Herd nehmen und den Teig kurz abkühlen lassen. Dann die Eier einzeln unterrühren.

2. Den Backofen auf 200 °C Umluft vorheizen. Zwei Backbleche mit Backpapier belegen. Den Teig in einen Spritzbeutel mit Sterntülle füllen und etwa 15 Windbeutel rosenförmig auf die Bleche spritzen. Dabei reichlich Abstand halten, denn der Teig geht beim Backen auf etwa die doppelte Größe auf. Die Windbeutel im Ofen auf der mittleren Schiene etwa 25 Minuten backen. Nach Ende der Backzeit die Windbeutel im Ofen etwas abkühlen lassen, dann herausholen, halbieren und auskühlen lassen.

3. Für die Füllung die Erdbeeren waschen, putzen, trocken tupfen und klein schneiden. Die Erdbeerstücke mit dem Rumtopf mischen und etwa 30 Minuten marinieren.

4. Die Sahne mit dem Vanillezucker steif schlagen. Die Böden der Windbeutel mit der Sahne bestreichen und einige abgetropften Früchte darauf verteilen. Die Windbeutel-Deckel vorsichtig aufsetzen und mit Puderzucker bestreuen. Den Rumtopf mit den restlichen Erdbeerstücken dazu reichen.

Mein Tipp:
Den Rumtopf setzte ich im Laufe des Sommers an: Dafür befülle ich nach und nach einen glasierten Keramiktopf mit reifen Früchten aus unserem Bauerngarten und halte das Obst stets fingerbreit bedeckt mit Zucker und hochprozentigem Rum (mind. 54 %). Den vollen, luftdicht verschlossenen Topf bewahre ich an einem kühlen, dunklen Ort auf – und im Winter serviere ich das eingelegte Obst zu Süßspeisen.

Wildschweingulasch

vom Rotkopf-Hof

Zutaten für 4 Personen

1–1,2 kg Wildschweinfleisch (aus der Schulter)
4 große Zwiebeln
1 Knoblauchzehe
Salz
2 Zweige Thymian
1 Zweig Rosmarin
2 frische Lorbeerblätter
2 EL Butterschmalz
bunter Pfeffer aus der Mühle
2 EL Tomatenmark
400 ml trockener Rotwein
400 ml Wildfond
2 EL Kräuteressig
4 angedrückte Wacholderbeeren
rosenscharfes Paprikapulver
30 g Zartbitterschokolade (mind. 50 % Kakaoanteil)
evtl. 2 EL Speisestärke zum Binden

1. Das Fleisch, falls nötig, von Fett und Sehnen befreien und in etwa 3 cm große Würfel schneiden. Zwiebeln und Knoblauch schälen. Die Zwiebeln in feine Würfel schneiden, den Knoblauch mit 2 Prisen Salz zerdrücken. Die Kräuter waschen und trocken schütteln.

2. Das Butterschmalz in einem Schmortopf erhitzen und das Fleisch darin portionsweise rundum anbraten, dabei mit Salz und Pfeffer würzen. Zwiebeln und Knoblauch dazugeben und kurz mitbraten. Dann das Tomatenmark unterrühren und kurz mitrösten. Mit dem Rotwein ablöschen, die Flüssigkeit etwas reduzieren lassen und mit Wildfond, 400 ml Wasser und Essig auffüllen. Kräuter, Wacholderbeeren und 1 Prise Paprikapulver mit in den Topf geben und das Gulasch zugedeckt bei mittlerer Hitze 2 bis 2 1/2 Stunden schmoren lassen.

3. Kurz vor Ende der Garzeit Kräuterzweige und Gewürze wieder entfernen. Die Schokolade hinzufügen und unter Rühren schmelzen lassen. Falls nötig, die Speisestärke in wenig Wasser auflösen und das Gulasch damit binden. Das Gulasch mit Salz und Pfeffer abschmecken und servieren. Dazu schmecken Semmel- oder Brezenknödel und Blaukraut.

Mein Tipp:
Während der Pilzsaison streue ich als besonderes Highlight frisch gesammelte Waldpilze über das angerichtete Gulasch, die ich in Butter angebraten habe.

Gefüllte Kartoffeln

mit Kräuterdip

Zutaten für 4 Personen

Für die Kartoffeln
4 festkochende große Kartoffeln
Salz
3–4 EL Butter
1 Zwiebel
1/4 Bund gemischte Kräuter (z. B. Petersilie, Rosmarin, Thymian)
2–3 EL Weißbrotbrösel
2 Eier
3 EL Sauerrahm (oder Schmand)
Pfeffer aus der Mühle
frisch geriebene Muskatnuss
rosenscharfes Paprikapulver

Für den Dip
2 EL Magerquark
2 EL Crème fraîche
2 EL saure Sahne
2 EL Mayonnaise
1 EL Schnittlauchröllchen
je 1 Prise Zucker, Salz und Pfeffer aus der Mühle

1. Die Kartoffeln schälen, waschen, der Länge nach halbieren und in kochendem Salzwasser etwa 15 Minuten vorgaren. Die Kartoffeln abgießen und abkühlen lassen. Dann die Kartoffelhälften mit einem Löffel vorsichtig aushöhlen, bis ein etwa 1 cm breiter Rand stehen bleibt. Das Ausgehöhlte der Kartoffeln in eine Schüssel geben, die Hälften in eine mit 1 EL Butter gefettete Auflaufform setzen. Den Backofen auf 180 °C vorheizen.

2. Die Zwiebel schälen und in feine Würfel schneiden. Die Kräuter waschen, trocken schütteln, je nach Sorte die Blättchen bzw. Nadeln abzupfen und fein hacken. Die restliche Butter in einer Pfanne erhitzen und die Zwiebel darin andünsten. Die Weißbrotbrösel unterrühren und kurz anrösten. Die Weißbrotmischung zu den Kartoffeln in die Schüssel geben und mit Kräutern, Eiern und dem Sauerrahm vermischen. Die Füllung mit Salz, Pfeffer, Muskatnuss und Paprikapulver kräftig würzen und gleichmäßig auf die Kartoffelhälften verteilen. Die gefüllten Kartoffeln im Ofen auf der mittleren Schiene etwa 15 Minuten backen.

3. Für den Dip alle Zutaten mit etwas Mineralwasser zu einer cremigen Masse verrühren. Die gefüllten Kartoffeln mit dem Quarkdip servieren. Nach Belieben grünen Salat dazu reichen.

Mein Tipp:
Wer möchte, bestreut die Kartoffeln kurz vor Ende der Garzeit mit etwas geriebenem Käse. Kräftige, schmelzende Sorten wie Emmentaler eignen sich dafür besonders gut.

Schwaben

Wie vielfältig und zukunftsgewandt die Landwirtschaft im südwestlichen Regierungsbezirk Bayerns ist, zeigen Barbara Knötzinger und Lena Zimmermann. Ob Gemüse- und Getreideanbau oder Bio-Schwein- und Mutterkuhhaltung: Respekt vor der Natur und dem Leben prägt die Arbeit beider.

Die Liebe zu allem, was wächst, gibt Barbara an ihre Kinder weiter. Ob bei der Arbeit auf den Feldern, im Streuobstgarten oder im Bauerngärtchen, beim Ausreiten mit den Pferden oder beim Kochen: Die Freude an der Vielfalt der Natur ist für die studierte Landwirtin ein Lebenselixier.

Barbara Knötzinger

Mit viel Verantwortungsbewusstsein für Boden und Natur baut sie auf ihrem Hof biologisches Gemüse und Getreide an.

„Schau mal, Franz, ein Regenwurmloch!" Und hier eines und da eines, und daneben ein noch viel größeres – auf den Feldern des Büachelehofs der Knötzingers tut sich unterirdisch eine quicklebendige Welt auf, da wurzeln im lockeren Erdreich nicht nur Gemüsesorten wie Pastinaken, Rote Bete, Karotten oder Kartoffeln, da tummeln sich auch Abermillionen tüchtige Tierchen: Mikroorganismen, Käfer oder eben auch Regenwürmer – „unsere wichtigsten Mitarbeiter", wie Barbara sagt. Der Büachelehof wird schon seit über 30 Jahren biologisch-dynamisch bewirtschaftet; Barbaras Vater Erhard ist ein Bio-Pionier der 1980er-Jahre. Mit ihren drei Schwestern wuchs sie hier, im Kreis Dillingen, naturverbunden auf. „Meine Mutter meinte immer zu mir: Du bist ja wie die Ronja Räubertochter", erzählt sie und lacht.

„Ich bin von klein auf in die Aufgaben am Hof hineingewachsen."

Wo immer es geht, nimmt sie ihre Kinder Franz und Elsa mit hinaus auf die Felder. Dann stapft Franz mit kindlicher Neugier über den Ackerboden, buddelt in der Erde und sieht nach, welche Tunnel die Würmer wieder gegraben haben. Ein gesunder, sauerstoffreicher Boden, in dem die Natur sich selbst regulieren kann – für die studierte Landwirtin Barbara und ihren Mann Michel ist das ein wesentlicher Teil der Philosophie, mit der sie ihren Hof bewirtschaften. Seit sechs Jahren ist Barbara die Chefin. Sie hat den Betrieb vom Vater übernommen, als sie 25 war. In Michel, der ebenfalls Landwirtschaft studiert hat, hat sie genau den Lebenspartner gefunden, der sie in ihren Zielen und Plänen unterstützt. Die beiden investierten erst kürzlich in eine große, moderne Halle, in der sie ihr eigenes sowie das Bio-Gemüse anderer Bauern waschen, sortieren, lagern und für den Verkauf verpacken.

Wenn Erntezeit ist, sind die Arbeitstage lang. Und auch sonst gehen Barbara die Aufgaben nicht aus. Der Büachelehof ist ein Ausbildungsbetrieb, Barbara betreut Lehrlinge und Praktikanten. 230 Hektar Land gehören dazu, daneben ein Streuobstgarten und auch das Bauerngärtchen mit Salat, Kräutern und Beeren, das sie angelegt hat, als sie mit Franz schwanger war. „Ich bin ja jeden Tag auf meinen Feldern", sagt sie, „aber hier, in dem Gärtchen, fühle ich mich mit dem Boden noch-mal ein bisschen enger verbunden." Vieles von dem, was die Familie versorgt, wächst und gedeiht hier – und wandert dann direkt in die mit hellem Holz ausgestattete Küche, wo Barbara für ihre Lieben vegetarisch kocht. Seit gut 20 Jahren lebt sie fleischlos glücklich, auch, weil sie sich viele Gedanken über die ökologischen Folgen der Massentierhaltung macht.

Fehlen tut ihr dabei gar nichts: „Allein die Vielfalt der Gemüsesorten, die Aromen frischer und getrockneter Kräuter, die Bandbreite der Gewürze aus aller Welt – das finde ich unglaublich spannend, das verleiht den vegetarischen Gerichten immer wieder eine neue Note." Das gemeinsame Mittagessen mit ihrer Familie ist ein zentraler Fixpunkt des Tages, da kommen alle zusammen, besprechen, was anfällt, haben Zeit füreinander. Und wenn der Tag mal wieder besonders vollgepackt war, satteln Michel und Barbara ihre Pferde und sausen im Galopp zu den Streuobstwiesen. Kirschen und Äpfel direkt vom Pferderücken aus naschen – auch so eine Ruheinsel im Alltag. Und wenn sich in den Äpfeln der ein oder andere Wurm durchs Fruchtfleisch schlängelt, darf der auch seinen Spaß dran haben!

Wurzelpetersiliensuppe

mit Meerrettich und Vollkorn-Croûtons

Zutaten für 4 Personen

Für die Croûtons
3 Scheiben altbackenes Vollkornbrot
1/4 Bund gemischte Kräuter (z. B. Petersilie, Schnittlauch, Kerbel)
3 EL Olivenöl

Für die Suppe
1 Zwiebel
1 Kartoffel
500 g Petersilienwurzeln
1 EL Butter
300 ml Gemüsebrühe
300 ml Milch
1 EL Meerrettich (aus dem Glas)
Salz, Pfeffer aus der Mühle
frisch geriebene Muskatnuss
gehackte Petersilie zum Bestreuen

Für die Käsetaler
150 g geriebener Käse (z. B. Bergkäse)
Chiliflocken

1. Für die Croûtons den Backofen auf 200 °C vorheizen. Das Brot in kleine Würfel schneiden. Die Kräuter waschen, je nach Sorte die Blättchen abzupfen und fein hacken. Die Brotwürfel in einer Schüssel mit den Kräutern und dem Olivenöl mischen, auf einem mit Backpapier belegten Backblech verteilen und im Ofen auf der mittleren Schiene etwa 20 Minuten knusprig backen.

2. Inzwischen die Zwiebel schälen. Die Kartoffel schälen und waschen. Die Petersilienwurzeln putzen, schälen und waschen. Alle Gemüse in kleine Würfel schneiden.

3. Die Butter in einem Topf erhitzen, die Gemüsewürfel darin anbraten, mit der Brühe ablöschen und aufkochen lassen. Die Milch dazugießen und die Suppe halb zugedeckt bei mittlerer Hitze 15 Minuten köcheln lassen.

4. Für die Käsetaler den Käse auf ein mit Backpapier belegtes Backblech streuen und 5 Minuten vor Ende der Garzeit zu den Croûtons in den Ofen schieben. Dann herausnehmen, kurz abkühlen lassen, in mundgerechte Stücke brechen und mit Chiliflocken bestreuen.

5. Den Meerrettich unter die Suppe rühren und mit Salz, Pfeffer und Muskatnuss abschmecken. Auf tiefe Teller verteilen und mit Croûtons und Petersilie betreut servieren. Die Käsetaler dazureichen.

Karotten-Dinkel-Bratlinge

mit Kräuterquark, Rosmarinkartoffeln und Gartensalat

Zutaten für 4 Personen

Für die Bratlinge
250 g Dinkelschrot
50 g Kürbiskerne
1 mittelgroße Zwiebel
1 Knoblauchzehe
2 mittelgroße Karotten
Butterschmalz zum Braten
1 TL getr. Thymian
1 TL Salz · Pfeffer aus der Mühle
5 EL helle und schwarze Sesamsamen

Für den Kräuterquark
1 Bund gemischte Kräuter (z. B. Rosmarin, Petersilie, Schnittlauch, Borretsch, Blutampfer, Pimpinelle, Zitronenmelisse)
400 g Sahnequark
150 g saure Sahne
Kräutersalz
1 TL gemahlener Schabzigerklee (aus Reformhaus oder Bioladen)
etwas abgeriebene Bio-Zitronenschale

Für die Rosmarinkartoffeln
12 Kartoffeln
4–5 Zweige Rosmarin
Salz, Pfeffer aus der Mühle
4 EL Olivenöl

Für den Gartensalat
1 Kopfsalat
100 g Wildkräuter und essbare Blüten (z. B. Löwenzahn, Brennnessel, Kapuzinerkresse)
2 EL Apfelessig
3 EL Arganöl
Kräutersalz
80 ml Orangensaft

1. Für die Bratlinge das Dinkelschrot in einer Schüssel mit den Kürbiskernen mischen. 1/4 l Wasser aufkochen und so viel davon über die Mischung gießen, dass sie gut bedeckt ist. Mindestens 30 Minuten quellen lassen.

2. Zwiebel und Knoblauch schälen und in feine Würfel schneiden. Die Karotten putzen, schälen und raspeln. Zwiebel und Knoblauch in heißem Butterschmalz andünsten, den Thymian hinzufügen und kurz mitrösten. Mit den Karottenraspeln unter das gequollene Dinkelschrot mischen, die Masse mit Salz und Pfeffer würzen und mit leicht angefeuchteten Händen zu kleinen Bratlingen formen. Falls die Masse zu feucht sein sollte, Flohsamenschalen oder Weißbrotbrösel ergänzen. Fertige Bratlinge in Sesam wälzen und in heißem Butterschmalz von jeder Seite etwa 2 bis 3 Minuten knusprig braten.

3. Für den Kräuterquark die Kräuter verlesen, waschen, trocken schütteln, je nach Sorte Nadeln oder Blättchen abzupfen und fein hacken. Quark und saure Sahne cremig rühren, dabei die Kräuter untermischen. Den Kräuterquark mit Kräutersalz und Schabzigerklee würzen und mit Zitronenschale abschmecken.

4. Für die Rosmarinkartoffeln den Backofen auf 200 °C vorheizen. Die Kartoffeln schälen, waschen und in Spalten schneiden. Den Rosmarin waschen, trocken schütteln, die Nadeln abzupfen und fein hacken. Die Kartoffelspalten in einer Schüssel mit Salz und Pfeffer würzen und mit Rosmarin und Olivenöl gründlich vermischen. Mit den Schnittseiten nach oben auf einem mit Backpapier belegten Backblech verteilen und im Ofen auf der mittleren Schiene 20 Minuten knusprig backen.

5. Für den Gartensalat vom Kopfsalat die äußeren Blätter entfernen. Den Salat in einzelne Blätter teilen, waschen, trocken schleudern und in mundgerechte Stücke zupfen. Wildkräuter und Blüten verlesen, waschen und trocken tupfen. Die Wildkräuter unter den Salat mischen, die Blüten zum Garnieren beiseitelegen. Alle restlichen Zutaten zu einem Dressing verrühren.

6. Kurz vor dem Servieren den Salat auf Teller verteilen, mit Dressing beträufeln und mit den Blüten dekorieren. Je 1 Dinkelbratling dazu anrichten und mit Rosmarinkartoffeln und Kräuterquark servieren.

Wer keine Eismaschine besitzt, stellt die Eismasse ins Tiefkühlfach und rührt alle 30 Minuten um, bis das Eis gleichmäßig gefroren ist.

Erdbeereis

mit Apfelspalten und Walnüssen

Zutaten für 4 Personen

Für das Erdbeereis
570 g Erdbeeren
1 Ei
Salz
120 g Zucker
3/4 TL Vanilleextrakt
3/4 TL Zitronensaft
200 g Sahne
190 ml Milch

Für die Walnüsse
2 EL Butter
3 TL Zucker
100 g Walnusskerne

Für die Apfelspalten
2 Äpfel (z. B. Jonagold)
Butter zum Andünsten
etwas Vanilleextrakt

Außerdem
200 g Sahne
Zucker

1. Für das Erdbeereis die Erdbeeren waschen, putzen und fein pürieren. 250 g vom Püree als Sauce kühl stellen und, falls nötig, noch mit etwas Puderzucker abschmecken. Das Ei mit 1 Prise Salz und dem Zucker hellgelb aufschlagen, die restlichen Zutaten unterrühren. Die Eismasse kühl stellen und abkühlen lassen, dann in der Eismaschine nach Gebrauchsanweisung etwa 1 Stunde gefrieren. In eine gefrierfeste Form umfüllen und mindestens 6 Stunden ins Tiefkühlfach stellen.

2. Für die Walnüsse die Butter in einer Pfanne zerlassen, den Zucker unterrühren und bei schwacher Hitze karamellisieren lassen. Die Walnüsse hineingeben und rasch im Zucker wenden. Wieder herausnehmen und auf einem Bogen Backpapier abkühlen lassen.

3. Für die Apfelspalten die Äpfel vierteln, schälen und entkernen. Die Apfelviertel in Spalten schneiden. Etwas Butter in einem Topf erhitzen und die Äpfel darin weich dünsten, dabei mit Vanille bestreuen.

4. Zum Anrichten die Erdbeersauce als Spiegel auf Dessertteller gießen. Die Sahne mit etwas Zucker steif schlagen und mit dem Spritzbeutel als Rosetten auf den Erdbeerspiegel spritzen. Dazu die Apfelspalten und die Walnüsse anrichten und mit je 1 Kugel Erdbeereis servieren.

Rote-Bete-Pflanzerl

mit
Feta

Zutaten für 4 Personen

1 kg Rote Beten
2 Zwiebeln
2 Knoblauchzehen
2 Eier
150 g Feta (Schafskäse)
abgeriebene Schale von 1/2 Bio-Zitrone
Salz
Pfeffer aus der Mühle
200 g Weißbrotbrösel
helle Sesamsamen zum Wälzen
Öl zum Ausbacken

1. Die Roten Beten putzen, waschen und in der Schale in kochendem Wasser 20 bis 30 Minuten weich garen. Die Roten Beten abgießen, kurz ausdampfen lassen und schälen, dabei am besten Einmalhandschuhe tragen, da die Knollen stark abfärben. Die abgekühlten Roten Beten grob raspeln.

2. Zwiebeln und Knoblauch schälen. Die Zwiebeln in feine Würfel schneiden, die Knoblauchzehen durch die Knoblauchpresse in eine Schüssel drücken und mit den Eiern verrühren. Den Schafskäse dazubröseln, die Zitronenschale unterrühren und die Masse mit Salz und Pfeffer würzen.

3. Die Rote-Beten-Raspel und die Weißbrotbröseln untermischen und alles zu einer formbaren Masse verarbeiten. Die Masse portionsweise mit angefeuchteten Händen zu Pflanzerln formen. Den Sesam in einen flachen Teller füllen und die Pflanzerln darin wenden.

4. Etwas Öl in einer Pfanne erhitzen und die Pflanzerln darin portionsweise unter Wenden knusprig braten und sofort servieren. Dazu passt saure Sahne mit Meerrettich und Kräutersalz.

Bohnenrollen

mit frischen Kräutern

Zutaten für 4 Personen

Für den Teig
5 Eier
125 g Mehl
200 ml Milch
Salz

Für die Füllung
750 g grüne Bohnen
2 Zwiebeln
3 Knoblauchzehen
gemischte Kräuter der Saison (z. B. Petersilie, Rosmarin, Bohnenkraut, Thymian)
1 EL Öl
Salz
Pfeffer aus der Mühle
150 g geriebener Käse (z. B. Emmentaler)

1. Den Backofen auf 240 °C vorheizen. Ein Backblech mit Backpapier belegen. Für den Teig Eier, Mehl und Milch mit etwas Salz zu einem Eierkuchenteig verrühren. Die Masse auf das Backblech gießen und im Ofen 15 bis 20 Minuten stocken lassen, bis die Oberfläche nicht mehr feucht ist.

2. Inzwischen für die Füllung die Bohnen putzen und waschen. Die Bohnen in mundgerechte Stücke schneiden. Zwiebeln und Knoblauch schälen und in feine Würfel schneiden. Die Kräuter waschen, trocken schütteln, die Blättchen bzw. Nadeln abzupfen und fein hacken.

3. Das Öl in einer Pfanne erhitzen und darin Zwiebel- und Knoblauchwürfel anbraten. Die Bohnen hinzufügen, kurz mitbraten und mit 100 ml Wasser ablöschen. Die Kräuter dazugeben und zugedeckt etwa 5 Minuten garen, bis die Bohnen weich sind. Mit Salz und Pfeffer würzen. Sollte zu viel Garflüssigkeit übrig bleiben, 1 EL Mehl mit etwas Wasser verrühren und untermischen. Das bindet die Flüssigkeit.

4. Den gestockten Eierkuchen aus dem Ofen nehmen und auf ein sauberes Geschirrtuch stürzen. Die Füllung gleichmäßig darauf verteilen, mit dem Käse bestreuen und von der Längsseite her zu einer festen Rolle aufrollen. Die fertige Bohnenrolle einige Minuten in der Restwärme des Backofens warm werden lassen und servieren.

Wo kommt das Fleisch her? Eine wichtige Frage für Kunden! Bei der Hofmetzgerei Zimmermann direkt von den eigenen Tieren. Die dürfen hier so leben, wie es ihnen gefällt. Das ist Lena und ihrem Mann Martin wichtig. Auch, dass ihr Futter vom eigenen Hof kommt – Regionalität von Anfang an.

Lena Zimmermann

Bei Familie Zimmermann gehen artgerechte Tierhaltung und Hofmetzgerei direkt Hand in Hand.

Ein behagliches Zuhause: Danach sehnen sich auch die Schweine auf dem Hof der Zimmermanns. Sie brauchen Licht und Luft, Platz zum Spielen und Herumlaufen oder auch einfach nur mal zum Gemütlich-Daliegen. Und so einen Lebensraum haben sie von Lena und ihrem Mann Martin bekommen – einen großen neuen Stall, in dem die Tiere so leben können, wie es ihrer Natur entspricht. „Mit diesem Stall haben Martin und ich uns einen unserer Zukunftsträume verwirklicht", erzählt Lena. Mit ihren gerade 25 Jahren hat sie schon einige Herausforderungen gestemmt. Kaum war sie 18, kam sie früh in die Verantwortung, sich zu entscheiden: den Hof mit der Hofmetzgerei übernehmen und weiterführen – oder schließen?

Doch einen Hof, der sich bis ins Jahr 1630 zurückdatieren lässt, mit einer Hofmetzgerei, die für Lena von Kind auf ein Ort des Familienzusammenhalts ist – so etwas gibt man nicht auf. Lena nahm die Herausforderung an. Auch, weil sie Martin an ihrer Seite hat. Er hängte seinen Beruf als Elektriker an den Nagel und versprach ihr: Das stemmen wir gemeinsam. Heute kümmern sie sich um die Mutterkuhherde aus Angusrindern, Blondvieh und Fleckvieh, um die Duroc-, Bentheimer und Deutschen Hausschweine und die Felder zum Anbau des hofeigenen Tierfutters. Lena ist mit der Hofmetzgerei, der Direktvermarktung und dem kaufmännischen Drumherum in ihrem Element, denn sie hat eine Ausbildung zur Bankkauffrau abgeschlossen. Nachhaltigkeit und Tierwohl sind die Werte, mit denen Lena und Martin ihren Betrieb führen. In der Hofmetzgerei verarbeiten Martin und die Mitarbeiter das Fleisch der hofeigenen Rinder und Schweine – so können die Kunden nachvollziehen, wo die Tiere aufwachsen, deren Fleisch sie genießen.

Und dann sind da auch noch James und Butcher, die Grillfleisch-Butler. Das Fleisch der Hofmetzgerei ist nicht nur unter der Woche, sondern gerade auch an Sonntagen begehrt, wenn die Leute Zeit zum Kochen und Grillen haben. So kamen Lena und Martin auf die Idee, Verkaufsautomaten aufzustellen. Die Kunden können ihr Fleisch online bestellen und dann gekühlt ab Hof holen. Seither sind die Sonntage mit die betriebsamsten Tage für Lena, denn sie sorgt dafür, dass die Automaten immer gut bestückt sind. Selbst Zeit zum Kochen findet sie aber dennoch. Hauptsächlich an den Abenden. Rezepte braucht sie dafür nicht, sagt sie. Lieber geht sie kreativ vor: „Ich schaue, was grad im Kühlschrank ist und im Garten reif – und los geht's!"

> „Seit meiner Kindheit ist die Hofmetzgerei für mich ein Ort der Heimat."

Spaghetti bolognese, Nudelauflauf – das waren so die allerersten Gerichte, die Lena gekocht hat. Ganz früh schon, seit sie in die Schule kam, war sie fasziniert vom Kochen, saß am liebsten auf ihrem Hockerchen in der Küche bei der Oma oder in der Metzgerei beim Vater, knabberte ein Scheibchen Gelbwurst – und half mit. Respekt vor den Tieren und den Produkten, die sie liefern, war für ihre Großeltern und Eltern selbstverständlich. Und so wurden Lena und ihre drei Schwestern früh damit vertraut gemacht, dass man beim Essen nichts verkommen lässt und alle Teile vom Tier verwenden kann. „From Farm to Table" und „From Nose to Tail" nennt man das heute. Man könnte es aber auch anders formulieren: „Meine Oma", erzählt Lena, „kochte wunderbare saure Leber mit Kartoffelbrei, Knöcherlsulz oder Ochsenschwanzsuppe. Das gab's bei uns in der Familie oft."

Spargelquiche

mit Sommersalat

Zutaten für 1 Quiche

Für die Quiche
100 g kalte Butter
250 g Mehl
3 Eier
Salz
500 g grüner Spargel
10 Cocktailtomaten
4 Frühlingszwiebeln
125 g Mozzarella
8–10 Basilikumblätter
Pfeffer aus der Mühle
50 g Sahne
125 ml Milch
100 g geriebener Parmesan
frisch gemahlene Muskatnuss

Für den Sommersalat
1 Kopfsalat
125 g Mozzarella
10 Cocktailtomaten
6 Erdbeeren
1/2 EL Aceto balsamico
3 EL mittelscharfer Senf
1/2 EL Löwenzahnsirup (siehe Tipp)
Salz, Pfeffer aus der Mühle
1 EL Naturjoghurt

Außerdem
Fett für die Form

1. Für die Quiche den Backofen auf 160 °C vorheizen. Eine Quicheform einfetten. Butter, Mehl und 1 Ei mit 1 Prise Salz und etwas kaltem Wasser zu einem festen Teig verkneten. Den Teig in der Form verteilen und leicht andrücken, dabei einen Rand hochziehen. Im Ofen auf der mittleren Schiene 10 Minuten backen. Den Backofen nach Ende der Backzeit nicht ausschalten.

2. Den Spargel waschen und im unteren Drittel schälen, holzige Enden abschneiden. Den Spargel in mundgerechte Stücke schneiden und in siedendem Salzwasser 5 Minuten blanchieren. Die Tomaten waschen und klein schneiden. Die Frühlingszwiebeln putzen, waschen und die weißen und hellgrünen Teile in feine Ringe schneiden. Den Mozzarella klein schneiden. Basilikum waschen, trocken tupfen und fein hacken. Alle Gemüse mischen und mit Salz und Pfeffer würzen.

3. Die restlichen Eier mit Sahne, Milch und Parmesan verquirlen und mit Salz, Pfeffer und Muskatnuss würzen. Das Gemüse auf dem vorgebackenen Quicheteig verteilen und mit der Eier-Sahne übergießen. Die Spargelquiche zugedeckt im Ofen 30 Minuten backen. Während der letzten 10 Minuten der Garzeit abdecken, damit die Quiche anbräunen kann.

4. Inzwischen für den Sommersalat vom Kopfsalat die äußeren Blätter entfernen. Den Salat in die einzelnen Blätter teilen, waschen, trocken schleudern und in mundgerechte Stücke zupfen. Den Mozzarella klein schneiden. Die Tomaten waschen und nach Belieben halbieren. Die Erdbeeren waschen, putzen und halbieren oder vierteln. Die übrigen Zutaten zu einem Dressing verrühren.

5. Salat, Tomaten und Mozzarella mischen und das Dressing darübergeben. Die Quiche in Stücke schneiden, mit dem Sommersalat anrichten und mit den Erdbeeren garniert servieren.

Mein Tipp:
Für selbst gemachten Löwenzahnsirup koche ich 1/2 l Wasser mit 65 Löwenzahnblüten und 1 in Scheiben geschnittenen Bio-Zitrone 10 Minuten. Dann nehme ich den Sud vom Herd und lasse ihn über Nacht ziehen. Am nächsten Tag gieße ich die Flüssigkeit in einen Topf ab und koche den Sud mit 500 g Zucker ein, bis er eine honigartige Konsistenz hat. Den fertigen Sirup bewahre ich in kleine Gläser abgefüllt auf.

Schweinebacken in Dunkelbiersauce

mit Kartoffel-Süßkartoffelstampf und Speckbohnen

Zutaten für 4 Personen

Für das Fleisch
3 Karotten
1/4 Knollensellerie
1 Zwiebel
2 Knoblauchzehen
2 Zweige Rosmarin
500 ml dunkles Bier
12 Schweinebacken
2 EL Öl
1 EL Speisestärke
Salz, Pfeffer aus der Mühle

Für den Kartoffel-Süßkartoffelstampf
12 mehligkochende Kartoffeln
2 Süßkartoffeln
Salz
ca. 100 ml Milch
2–3 EL Butter
Pfeffer aus der Mühle
frisch geriebene Muskatnuss

Für die Bohnen
500 g grüne Bohnen
Salz
8 Scheiben Speck
Öl zum Anbraten
Salz, Pfeffer aus der Mühle

1. Am Vortag Karotten, Sellerie, Zwiebel und Knoblauch putzen, schälen und in grobe Stücke schneiden. Den Rosmarin waschen und trocken tupfen. Alles in einer großen Schüssel mit dem dunklen Bier mischen und die Schweinebacken darin mindestens 12 Stunden einlegen. Je länger das Fleisch mariniert, desto intensiver wird der Geschmack.

2. Am Zubereitungstag die Bäckchen aus dem Sud nehmen und in einem großen Topf im heißen Öl rundum anbraten. Das Gemüse aus dem Sud hinzufügen, kurz mitbraten und mit dem Einlegesud ablöschen. Die Schweinebäckchen zugedeckt bei schwacher Hitze etwa 3 Stunden schmoren lassen.

3. Inzwischen für den Kartoffel-Süßkartoffelstampf Kartoffeln und Süßkartoffeln schälen, waschen und in Salzwasser etwa 20 Minuten weich garen. Dann abgießen und ausdampfen lassen. Kartoffeln und Süßkartoffeln in einem Topf zerstampfen. Die Milch erwärmen, die Butter darin auflösen und die Buttermilch unter den Kartoffelstampf rühren. Mit Salz, Pfeffer und Muskatnuss würzen.

4. Am Ende der Garzeit die Bäckchen aus dem Topf nehmen und warm stellen. Den Sud in einen zweiten Topf abgießen und mit dem Stabmixer pürieren. Die Speisestärke mit wenig kaltem Wasser anrühren, unter die Sauce rühren und aufkochen lassen. Die Sauce mit Salz und Pfeffer würzen und das Fleisch wieder hineinlegen.

5. Die Bohnen putzen, waschen und in Salzwasser 10 Minuten blanchieren. Herausnehmen und abkühlen lassen. Jeweils 3 bis 4 Bohnen zu 8 Bündeln zusammenfassen und mit je 1 Speckscheibe umwickeln. In einer Pfanne im heißen Öl rundum knusprig anbraten, dabei mit Salz und Pfeffer würzen.

6. Zum Servieren den Kartoffelstampf mit je 2 Bohnen im Speckmantel auf Teller verteilen. Die Schweinebäckchen mit der Sauce dazu anrichten.

Mmh, wie herrlich die frischen Waffeln duften! Ein Löffelchen Kokosflocken oder ein Schlückchen Amaretto oder Eierlikör im Teig machen den Genuss noch einzigartiger.

Erdbeervariation

mit Erdbeer-Himbeer-Limes

Zutaten für 6 Personen

Für den Waffelteig
6 Eier
250 g zimmerwarme Margarine
200 g Zucker oder Löwenzahnsirup (siehe Tipp S. 153)
1 Päckchen Vanillezucker
500 g Mehl
1 Päckchen Backpulver
450 ml zimmerwarme Milch

Für die Erdbeergläschen
250 g Speisequark (40 % Fett i. Tr.)
250 g Mascarpone
1 EL Zitronensaft
2 EL brauner Zucker
500 g Erdbeeren
1 Päckchen Vanillezucker
100 g Amarettini (ital. Mandelgebäck)
Minzebättchen zum Garnieren

Für den Erdbeer-Himbeer-Limes
500 g Erdbeeren
500 g Himbeeren
250 g Zucker
1/4 l Limettensaft
300 ml Wodka

Außerdem
Fett für das Waffeleisen
400 g Erdbeereis (selbst gemacht oder Fertigprodukt)

1. Für den Waffelteig die Eier trennen. Margarine, Zucker oder Löwenzahnsirup und Vanillezucker mit den Quirlen des Handrührgeräts cremig rühren. Nach und nach die Eigelbe unterrühren. Mehl und Backpulver mischen und abwechselnd mit der Milch unter die Eiermasse rühren. Nach Belieben 1 bis 2 EL Erdbeerpüree dazugeben. Die Eiweiße steif schlagen und vorsichtig unter den Teig heben.

2. Das Waffeleisen nach Gebrauchsanweisung vorheizen und einfetten. Darin nacheinander etwa 18 Waffeln backen und zugedeckt warm halten. Vor dem Servieren die Waffeln nach Belieben mit Puderzucker bestäuben.

3. Für die Erdbeergläschen Quark und Mascarpone mit Zitronensaft und Zucker verrühren. Die Erdbeeren waschen und putzen. Etwa zwei Drittel der Erdbeeren klein schneiden und unter die Creme heben. Die restlichen Erdbeeren mit dem Vanillezucker pürieren. Die Amarettini grob zerkrümeln. Abwechselnd die Quarkcreme, das Erdbeerpüree und die Amarettini in kleine Dessertgläser schichten und mit der Minze garnieren.

4. Für den Erdbeer-Himbeer-Limes Erdbeeren und Himbeeren waschen, putzen und fein pürieren. Zucker und Limettensaft hinzufügen, den Alkohol dazugeben und kräftig untermixen.

5. Zum Servieren je 1 Kugel Erdbeereis auf Dessertteller geben, je 1 Erdbeergläschen dazustellen und die frischen Waffeln daneben anrichten. Dazu den Erdbeer-Himbeer-Limes reichen.

Leberkässtrudel

mit Blätterteig

Zutaten für 1 Strudel

3 bunte Paprikaschoten (z. B. rot, grün und orange)
150 g Champignons
2 Knoblauchzehen
2 EL Öl
Salz, Pfeffer aus der Mühle
2 Rollen Blätterteig (Fertigprodukt; aus dem Kühlregal)
500 Leberkäsbrät
250 g würziger Käse (in Scheiben; z. B. Emmentaler oder Gouda)
200 g gekochter Schinken (in Scheiben)
1 Ei
2 EL Sahne

1. Die Paprikaschoten halbieren, entkernen, waschen und längs in dünne Streifen schneiden. Die Champignons, falls nötig, trocken abreiben und in Scheiben schneiden. Den Knoblauch schälen und in feine Würfel schneiden. Das Öl in einer Pfanne erhitzen und darin Knoblauch, Paprika und Pilze bissfest andünsten. Mit Salz und Pfeffer würzen.

2. Den Backofen auf 200 °C vorheizen. Ein Backblech mit Backpapier belegen. Die Blätterteige leicht übereinanderlappend auf der Arbeitsfläche ausrollen und mit dem Teigroller flach walzen. Das Brät in einer Schüssel kräftig durchrühren, sodass eine streichfähige Masse entsteht. Die Hälfte vom Brät auf dem Blätterteig verstreichen und mit den Käsescheiben belegen. Darauf die Schinkenscheiben verteilen und mit der restlichen Brätmasse bestreichen. Die Paprika-Pilz-Mischung darüber verteilen.

3. Den Blätterteig von der Längsseite her zu einem festen Strudel aufrollen. Das Ei mit der Sahne verquirlen und den Strudel damit bestreichen. Den Leberkässtrudel im Ofen auf der mittleren Schiene etwa 45 Minuten backen. Den Strudel eventuell 15 Minuten vor Ende der Garzeit mit Alufolie abdecken, damit er nicht zu dunkel wird. Den Strudel in Scheiben geschnitten servieren.

Mein Tipp:
Dazu reiche ich gern grünen Salat. Weil der Leberkässtrudel warm und kalt schmeckt, ist er bestens als Gericht fürs Büfett oder für Ausflüge geeignet.

Kohlrabischnitzel

mit Parmesan-Thymian-Kruste

Zutaten für 4 Personen

Für den Dip
1 rote Zwiebel
1/2 Bund gemischte Kräuter der Saison
100 g Speisequark (20 % Fett i. Tr.)
100 g Schmand
Salz, Pfeffer aus der Mühle

Für die Kohlrabischnitzel
2 Kohlrabi
Salz
400 g Erbsen (frisch oder TK)
Pfeffer aus der Mühle
1–2 Zweige Thymian
1 EL Paniermehl
50 g geriebener Parmesan
Pfeffer aus der Mühle
frisch geriebene Muskatnuss
1 Ei
1 EL Mehl
Butterschmalz zum Braten

1. Für den Dip die Zwiebel schälen und in feine Würfel schneiden. Die Kräuter waschen, trocken schütteln, je nach Sorte Blättchen bzw. Nadeln abzupfen und fein hacken. Zwiebel und Kräuter mit Quark und Schmand verrühren und den Dip mit Salz und Pfeffer würzen.

2. Für die Schnitzel den Kohlrabi putzen, schälen und in fingerdicke Scheiben schneiden. Die Scheiben in kochendem Salzwasser 5 bis 7 Minuten blanchieren. Dann herausnehmen und abtropfen lassen.

3. Frische Erbsen aus den Schoten drücken, gefrorene auftauen lassen. Die Erbsen in einem Topf weich garen. Dann mit dem Stabmixer fein pürieren, mit Salz und Pfeffer abschmecken und das Püree zugedeckt warm halten.

4. Den Thymian waschen, trocken tupfen, die Blätter abzupfen und fein hacken. Mit Paniermehl, Parmesan, Salz, Pfeffer und 1 Prise Muskatnuss mischen und in einen tiefen Teller füllen. Das Ei aufschlagen und in einem tiefen Teller verquirlen. Das Mehl in einen tiefen Teller geben. Die Kohlrabischeiben zunächst im Mehl wenden. Dann durch das verquirlte Ei ziehen und zuletzt mit dem Parmesanmehl panieren.

5. Etwas Butterschmalz in der Pfanne erhitzen und die Kohlrabischeiben darin von beiden Seiten goldbraun braten. Die Kohlrabischnitzel auf Teller verteilen und mit dem Erbsenpüree und dem Kräuterdip servieren.

Kurz vorgestellt

Sie lieben ihr Leben als moderne Landfrauen und die Küche ihrer bayerischen Heimat – in einem Wettstreit der besonderen Art haben diese 14 Landfrauen ihre Kochkünste unter Beweis gestellt und aus typischen lokalen Spezialitäten Drei-Gänge-Menüs gezaubert. Einen Überblick über ihre Rezepte finden Sie hier.

Martina Knecht

Getreidemühle Knecht
Mühlstraße 7
63785 Obernburg am Main
Tel. 0 60 22 / 3 12 00
info@getreidemuehle-knecht.de

Die Müllerin aus Unterfranken

TV-Menü: Körnige Salatvariation mit Quinoa und Grünkern / Beschwipstes Reh mit Mehlkloß und Pfifferlingen / Zitronen-Dinkelgrieß-Schnitte mit Joghurt-Brombeer-Eis

Lieblingsgerichte: Frühlingsbrötchen mit Buttermilch / Kochkäse aus Harzer Handkäse

Nicole Roth

Weingut Roth
Büttnergasse 11
97355 Wiesenbronn
Tel. 0 93 25 / 90 20 04
info@weingut-roth.de

Die Winzerin aus Unterfranken

TV-Menü: Apfel-Fenchel-Salat mit Saiblingsfilet / Schäufele mit Blaukraut und Kartoffelklößen / Weincreme mit Früchten

Lieblingsgerichte: Gefüllte Kartoffelklöße mit Walnusspesto / Zitronen-Weißwein-Risotto mit gebratenem Gemüse

Kristin Güllich

Talstraße 6
91596 Burk – OT Bruck
Tel. 0 98 22 / 6 05 95 00
info@metzgerei-albrecht.de

Die Metzgermeisterin aus Mittelfranken

TV-Menü: Fränkische Hochzeitssuppe mit Klößchen-Variation / Beinscheiben vom Pinzgauer Rind mit Meerrettichsauce und Petersilienkartoffeln / Kokostraum und Joghurtmousse mit Erdbeerpüree

Lieblingsgerichte: Pinzgauerfilet mit Honig-Senf-Kruste / Krapfen mit Hagebuttenmarmelade

Nina Wagner

Wallsdorf 1
91241 Kirchensittenbach
Tel. 0 91 52 / 9 28 79 63
info@reimehof.de

Die Käsebäuerin aus Mittelfranken

TV-Menü: Brotzeitteller mit Frischkäsecreme, Zwiebel-Relish und Obazdn / Zickleinbraten mit karamellisierten Gartenmöhrchen / „Drei-Käse-Hoch“– eine Dessertvariation aus Ziegenmilch

Lieblingsgerichte: Flammkuchen mit Kürbis und Ziegenfeta / Apfelstrudel nach Oma Anni

Angela Wunderlich

An der Steinlinde 1
96215 Lichtenfels / Mönch-kröttendorf
Tel. 0 95 76 / 92 58 83
angela-wunderlich@web.de

Die Wanderschäferin aus Oberfranken

TV-Menü: Spargel-Ingwer-Salat auf Lammschinken-Carpaccio / Ossobuco vom Juralamm mit Ofen-Süßkartoffel, Thymian-Vanille-Butter und Wurzelgemüse / Ziegenfrischkäse-Tarte mit Himbeer-Limetten-Eis

Lieblingsgerichte: „Verrücktes Sauerkraut“ mit Lammhackfleisch / Mamas Nusstorte mit Marmelade

Anja Raithel

Laubersreuth 2
95213 Münchberg
Tel. 0 92 51 / 69 85
post@biohof-raithel.de

Die Landwirtin aus Oberfranken

TV-Menü: Kürbissuppe mit Pestoschnecken / Streifen von der Bavette mit Ratatouille / Sahnequark mit Heidelbeerkompott

Lieblingsgerichte: Dinkel-Wurzelgemüse-Rösti mit Quarkdip / Ofengemüse mit Birnen und Weintrauben

Schirin Oeding

Stockau 3
92289 Ursensollen
Tel. 0 96 28 / 12 10
info@michlbauerbio.de
www.michlbauerbio.de

Die Demeter-Ziegenbäuerin aus der Oberpfalz

TV-Menü: Kräuter-Jellys mit Gartensalat / Zicklein-Korma auf Safran-Reis / Ziegenmilcheis mit dunkler Ziegenmilch-Karamellsauce

Lieblingsgerichte: Cracker mit Kräutern / Ziegenkäse-Korma mit rosa Reis

Monika Bernhard

Streuobsthof Bernhard
Steinach 3
92705 Leuchtenberg
Tel. 0 96 59 / 93 24 65
streuobsthof.bernhard@gmx.de

Die Streuobstbäuerin aus der Oberpfalz

TV-Menü: Kalbszungen-Carpaccio mit Meerrettich-mousse / Rinderroulade mit Brezen-Brennnessel-Knödel / Holunderblüten-Pannacotta und gefrostete Cashew-Lavendel-Heidelbeer-Nocken

Lieblingsgerichte: Couscous-Rouladen mit Quark-dip / Punschtorte mit Mandarin-Orangen

Mathilde Falter-Weiderer

Scheja-Hof
Schulweg 4
94227 Lindberg
Tel. 0 99 22 / 8 04 54 29
falter-weiderer@freenet.de

Die Milchbäuerin aus Niederbayern

TV-Menü: Gartensalat mit Himbeer-Frischkäse-Nocken auf Baguette / Rinder-Biergulasch aus der Wade mit Kräuterspätzle und buntem Gemüse / Apfelkücherl mit Vanilleeis-Praline

Lieblingsgerichte: Entrecôte mit Rotweinsauce und Kartoffelgratin / Rohrnudeln mit Apfelfüllung und Vanillesauce

Eva Gottschaller

Gottschaller Biohofbäckerei
GmbH & Co. KG
Gottschall 1
94094 Malching
Tel. 0 85 33 / 91 86 6-0
info@gottschallerbrot.de

Die Biohofbäckerin aus Niederbayern

TV-Menü: Dreierlei auf Brot mit Kräuterbutter / Focaccia mit Hafer-Gemüsebratlingen, Austernpilzen und Gemüsechips / Aquafaba-Mousse au Chocolat mit Pfeffersplittern

Lieblingsgerichte: Gemüsereis mit Sommer-gemüse / Veganer Apfelkuchen mit Dinkelmehl

Stefanie Rieblinger

Fasanenstraße 17
86567 Hilgertshausen-Tandern
Tel. 0 82 50 / 12 74
stefanie-rieblinger@web.de

Die Sennerin aus Oberbayern

TV-Menü: Sommersalat auf mariniertem Ochsenmaiserl mit Wildkräuterstangerl / Ochsenwade im Heu gegart, mit Brezenknödel und glasierten Karotten / Joghurttraum mit Florentinermantel und Blaubeergrütze

Lieblingsgerichte: Rote-Bete-Suppe mit Forellen-Sahnemeerrettich / Honig-Lebkuchen mit Zimt

Karina Schwarzbauer

Kapellenweg 1
86529 Steingriff
Tel. 0 82 52 / 88 92 77
info@pinzgauer-rotkopf.de

Die Rinderzüchterin aus Oberbayern

TV-Menü: Ochs im Nudelrock mit Schrobenhausener Grünspargel / Hohe Rippe aus dem Feuertopf mit buntem Spargelsalat und Kartoffelbrot / Beschwipste Windbeutel mit einem Gruß aus Karinas Bauerngarten

Lieblingsgerichte: Wildschweingulasch vom Rotkopf-Hof / Gefüllte Kartoffeln mit Kräuterdip

Barbara Knötzinger

Büachelehof
Weilheim 2
89434 Blindheim
Tel. 0 90 74 / 49 74
barbara.knoetzinger@gmx.de

Die Biobäuerin aus Schwaben

TV-Menü: Wurzelpetersiliensuppe mit Meerrettich und Vollkorn-Croûtons / Karotten-Dinkel-Bratlinge mit Kräuterquark, Rosmarinkartoffeln und Gartensalat / Erdbeereis mit Apfelspalten und Walnüssen

Lieblingsgerichte: Rote-Bete-Pflanzerl mit Feta / Bohnenrollen mit frischen Kräutern

Lena Zimmermann

Hofmetzgerei Zimmermann GbR
Angerstraße 3
86456 Gablingen
Tel. 0 82 30 / 17 60
info@hofmetzgerei-zimmermann.de

Die Hofmetzgerin aus Schwaben

TV-Menü: Spargelquiche mit Sommersalat / Schweinebacken in Dunkelbiersauce mit Kartoffel-Süßkartoffelstampf und Speckbohnen / Erdbeervariation mit Erdbeer-Himbeer-Limes

Lieblingsgerichte: Leberkässtrudel mit Blätterteig / Kohlrabischnitzel mit Parmesan-Thymian-Kruste

L

M/N

O

P/R

Bildnachweis

Umschlag:

BR/megaherz gmbh: Philipp Thurmaier: Gruppenbilder hinten, Busbild v.; Andrea Kramp & Bernd Gölling: vorn (u.), hinten (Untergrund). Grafik-Logo: BR

Innenteil:

BR/megaherz gmbh/Philipp Thurmaier: S.5, S.6/7, S.18 (o.r.), S.30, S.50/51, S.52, S.62 (o.l.), S.74, S.94/95, S.96, S.106 (o.r., u.), S.116/117, S.118, S.128, S.150, S.161 (o., 2.v.u., u.), S.162 (o., 2.v.u.), S.163 (o., 2.v.o., u.); BR/megaherz gmbh/Moritz Sonntag: S.4, S.8, S.18 (o.l.), S.28/29, S.40, S.62 (o.r., u.), S.72/73, S.106 (o.l.), S.138/139, S.140, S.160, S.161 (2.v.o.), S.162 (u.), S.163 (2.v.u.); Faber & Partner: S18 (u.); ZS Verlag/Moritz Sonntag S.84, S.162 (2. v. o.)

Kaiserstraße 14 b
D-80801 München

ISBN 978-3-96584-043-0
1. Auflage 2020

Projektleitung **Ines Alms**
Vorwort **Sonja Kochendörfer**
Lektorat **Katinka Holupirek**
Texte **Katja Mutschelknaus**
Grafische Gestaltung **Julia Arzberger**
Foodfotografie **Andrea Kramp & Bernd Gölling**
Foodstyling **Hermann Rottmann**
Porträt- und Landschaftsfotografie **siehe Bildnachweis S.167**
Herstellung **Frank Jansen**
Producing **Jan Russok**
Druck & Bindung **aprinta druck GmbH, Wemding**

Kurze Wege schonen die Umwelt
Dieses Buch wurde in Deutschland gedruckt

Im Buch enthaltene Foodfotos können zur eigenen Nutzung erworben werden unter www.stockfood.com

Die ZS Verlag GmbH ist ein Unternehmen der Edel SE & Co. KGaA, Hamburg.
www.zsverlag.de | www.facebook.com/zsverlag

Auf den Geschmack gekommen?

Der Jubiläumsband – 10 Jahre Landfrauenküche mit den Rezepten der Jahre 2017 und 2018.

Landfrauenküche Bd. 5
€ [D] 19,99
ISBN 978-3-89883-834-4

Noch mehr von den Landfrauen: mit kreativen Menüs und bebilderten Porträts von 14 Landfrauen.

Landfrauenküche Bd. 4
€ [D] 16,99
ISBN 978-3-89883-578-7

Gleich weiterkochen!

Jetzt überall, wo es gute Bücher gibt.